Staats- und socialwissenschaftliche Forschungen

herausgegeben

von

Gustav Schmoller.

Neunter Band. Drittes Heft.

(Der ganzen Reihe neununddreifsigstes Heft.)

E. Gothein, Pforzheims Vergangenheit.

Leipzig,
Verlag von Duncker & Humblot.
1889.

Pforzheims Vergangenheit.

Ein Beitrag

zur

deutschen Städte- und Gewerbegeschichte

von

Eberhard Gothein.

Leipzig,
Verlag von Duncker & Humblot.
1889.

Das Übersetzungsrecht wie alle anderen Rechte sind vorbehalten.

Vorwort.

Die vorliegende Arbeit besteht aus einer Reihe von Vorträgen, die der Verfasser im Kunstgewerbeverein zu Pforzheim gehalten hat. Durch diese ihre Entstehung ist ihre Form, ihr volkstümlicher Ton, selbstverständlich aber nicht ihr Inhalt beeinflufst worden. Bei der Veröffentlichung waltete ebenfalls zunächst die Absicht, dem Verein, der aus der Mehrzahl der Bijouteriefabrikanten und ihrer Lehrlinge besteht, dauernd ein Bild von der Entwicklung der Pforzheimer Hauptindustrie zu geben und dasselbe an die Vorgeschichte der Stadt anzuknüpfen. Zwar besitzt Pforzheim bereits eine eigene chronikartige Geschichte (Pflügers Geschichte Pforzheims, Pforzheim 1862), aber eine kritische Behandlung der Quellen wird in ihr nur zu oft vermifst. Gewährt auch die Vorgeschichte der Stadt nicht besonders viel Material für die Entscheidung der schwebenden Fragen über Ursprung und Entwicklung des städtischen Verfassungs- und Gewerbelebens im Mittelalter, so giebt sie doch immerhin ein anschauliches Bild vom Emporkommen des Bürgertums in einer an gröfseren Städten armen Landschaft.

Die Bedeutung aber, welche die wenig gekannte und doch so überaus bedeutsame Vorgeschichte der Bijouteriefabrikation besitzt, war es vorzüglich, welche eine Veröffentlichung an dieser Stelle rätlich erscheinen liefs.

Es bleibt noch zu bemerken, dafs das Material den Sammlungen entnommen ist, welche ich im Laufe der letzten Jahre im Auftrage der badischen historischen Kommission zum Zwecke einer demnächst erscheinenden Wirtschaftsgeschichte des Schwarzwaldes und der angrenzenden Gaue gemacht habe.

Karlsruhe.

Eberhard Gothein.

Inhaltsverzeichnis.

	Seite
Einleitung. Charakter der Geschichte der Landstädte	1— 4
Pforzheim bis zur Stadtverfassung Markgraf Christophs	5—10

Dorf und Markt Pforzheim, Kloster Hirsau S. 5. 6. Gründung der neuen Stadt S. 6. Gericht und Rat S. 7. Geschlechter S. 8. Leibeigne Bürgerschaft S. 8. Die „alte Stadt" S. 9. Geistlichkeit S. 9. Gewerbe bis zur Verleihung der Stadtverfassung S. 10.

Die Verfassung Markgraf Christophs . . . . 11—18

Das Stadtrecht von 1486 S. 11. Freizügigkeit S. 12. Umwandlung der Steuerverfassung S. 12. 13. 14. Der Schultheifs S. 15. 16. Bürgermeister und Rat S. 16. Verbot der Zünfte S. 16. 17. Endgültige Fassung des Stadtrechtes S. 17. Einzelordnungen der Ämter S. 17. 18.

Die Gewerbe . . . . 18—29

Die Schifferschaft S. 18—22. Ordnung der Nahrungsmittelgewerbe S. 22—26. Tuchmacherei S. 27. Zeugmacherei S. 28. Goldschmiede S. 28. 29.

Bildungszustände . . . . 30—38

Die lateinische Schule S. 30. 31. Heynlin von Stein S. 32. Reuchlin in seinen Beziehungen zu Pforzheim S. 33—36. Reformation S. 37. Schilderung Sastrows 37. 38.

Pforzheims politische Zustände seit dem dreifsigjährigen Krieg . . . . 39—43

Pforzheim nach dem dreifsigjährigen Kriege, Kontributions- und Schuldenabzahlung S. 40. 41. Nach den Kriegen Ludwigs XIV S. 41. 42. Privilegienstreit S. 42. 43.

Pforzheims Industrie . . . . 43—82

Die Blüte Kalws S. 43. 44. Hugenottische Kolonieen S. 44. 45. Holzhandel, Flofsvereine S. 46—48. Das Waisenhaus S. 48—50. Zeug- und Tuchweberei S. 50—51. Eisengiefserei S. 51. 52. Entstehung der Uhren- und Bijouteriefabrik S. 53—55. Zusammenbruch derselben S. 56. Neuordnung durch Karl Friedrich S. 57. Zusammenhang der calvinistischen Bijoutiers S. 58. Die kleinen Fabrikanten S. 59. 60. Krisis von 1789 S. 61. Beteiligung von Einheimischen, Strenge bei der Konzessionierung S. 61. 62. Einführung der Gewerbefreiheit für die Bijoutiers S. 62. 63. Aufschwung, Art des Handelsbetriebes S. 63—65. Rückgang und Erlöschen der Uhrenindustrie S. 65—68. Krisis infolge der Kontinentalsperre S. 68. 69. Arbeiterverhältnisse im Bijouteriegewerbe S. 69. Beschränkung des Bürgerrechtes S. 70. Zuziehung ländlicher Arbeitskräfte S. 71. Lehrlinge S. 71. 72. Einfluſs von Schwäbisch-Gemünd, Kontraktbrüche S. 73. Zahlenverhältnis zwischen Arbeitern und Lehrlingen S. 74. Arbeitseinstellung im Jahre 1804 S. 74. 75. Produktion S. 76. Goldhandel und Lombard S. 76. Regelung des Feingehalts und Kontrolle S. 76—78. Verfall derselben S. 78—79. Abschaffung der Regelung S. 80. 81.

Schluſs . . . . 81—82

Beilage: Schulmeisters Ordnung zu Pforzheim (um 1500) . . 83—85

Die Geschichte einer kleinen Stadt, die durch fürstliche Fürsorge gegründet und ihr niemals entwachsen ist, kann unmöglich den Reiz besitzen wie diejenige der grofsen Gemeinwesen, die mit Energie und Beharrlichkeit zur völligen Freiheit emporstrebten, die als kleine wohlgeordnete Staaten sich aller Neider und Feinde zu erwehren wufsten, in denen das deutsche Bürgertum zum Bewufstsein seiner Selbständigkeit und Bedeutung emporgewachsen ist. Aber auch diesen abhängigen Fürstenstädten kommt eine wichtige Rolle in dem grofsen Schauspiel unserer Kulturentwicklung zu, minder glänzend, aber nicht weniger wichtig als die ihrer stolzeren Schwestern. Was jene erworben hatten, das haben sie festgehalten, ja sogar oftmals erst recht nutzbar gemacht. Die Reichsstädte haben der alten Volksfreiheit eine neue Heimstätte geschaffen, als sie anderwärts von Lehenswesen und Rittertum völlig überwuchert war, aber es währte nicht lange, so schlossen sie sich selber ab und trennten sich von der Landbevölkerung. Je länger, je mehr dünkten sie sich eine Welt für sich.

Es blieb den Fürstenstädten, denen das Mafs der Freiheiten spärlicher zugemessen war, vorbehalten das deutsche Bürgertum vor der Erstarrung zu retten, in die es, sich allein überlassen, verfallen wäre. Sie gehörten als Glieder Staatswesen an, welche, mochten sie noch so klein sein, doch immer alle Stände in sich unschlossen und ihnen einen Boden gemeinsamen Wirkens bereiteten. War ihnen eine selbständige Wirksamkeit nach aufsen benommen, kommen in ihrer Geschichte keine Kriege und Fehden, keine Bündnisse und Verträge vor, so entfalteten sie doch eine reiche Thätigkeit im Innern, in Rechtspflege und Verwaltung, in der Ordnung von Handel und Gewerbe, in der Teilnahme an den Befugnissen der Landstände.

Pforzheims Geschichte aber mag noch ein besonderes, mehr als blofs lokales Interesse einflöfsen, weil in ihr sich die bedeutendsten Epochen dieser landstädtischen Entwicklung mit ausnehmender Klarheit abspiegeln. Durch landesfürstliche Neugründung aus einem Dorf zur regelmäfsigen Stadt umgeformt, bleibt es doch Jahrhunderte hindurch in der Dunkelheit, ohne selbständige Verfassung, ohne irgend welche ausgesprochene Eigenart. Da verleiht ihm in einer Zeit, als die fürstliche Verwaltung ihrer Pflichten und ihrer Kraft erst recht sich bewufst wird, der Bedeutendste unter diesen fürstlichen Staatsmännern, Markgraf Christoph, eine Verfassung, die genau die Grenzen einhält, welche man in dem neuen Staatsbau dem Bürgertum anzuweisen gedachte. Und alsbald sehen wir eine Fülle von Kräften entbunden, nicht miteinander kämpfend, sondern friedlich geleitet zu gemeinsamen Zielen. Wir sehen, wie mit gröfster Schnelligkeit diese Verfassung ausgebaut wird, wie die bürgerliche Selbstverwaltung sich fest einwurzelt, ohne doch der fürstlichen Gewalt Abbruch thun zu wollen, wie man im Gewerbe beständig sich bemüht alle Ordnungen durchzuführen, die den Anschauungen des Jahrhunderts als die vollkommensten gelten, und wie anknüpfend an einen hervorragenden Mann, den Stolz Deutschlands und seiner Vaterstadt, eine geistige Regsamkeit ohnegleichen erwacht, den Namen Pforzheims den gefeierten Stätten anreiht, in denen sich eine neue Bildung zuerst heimisch macht. Was könnte uns von der Gröfse des Reformationszeitalters eine deutlichere Überzeugung geben als der Anblick dieses so plötzlich erwachten, so energisch pulsierenden Lebens!

Was aber kann uns auch die tiefe Zerrüttung Deutschlands im nächsten Jahrhundert anschaulicher machen als eben dieselbe Stadt! Die alte Bürgerschaft, befangen im Rückblick auf ihre einstige Bedeutung, erschöpft alle ihre Kraft in vergeblichen Anstrengungen den Schatten derselben, den Wortlaut ihrer Privilegien, festzuhalten. Dieselbe Verfassung, welche die Grundlage des Aufstrebens im 16. Jahrhundert gegeben hatte, wird nun als leeres Streitobjekt das Verhängnis der Stadt. Wiederum suchen die Fürsten, gewaltsam und ohne Achtung vor dem verbrieften Buchstaben, der ihnen im Wege steht, neues Leben zu schaffen. Grofsartige Pläne, bald die Überführung ganzer Industriekolonieen, bald die Gründung umfassender Staatsanstalten, welche Elend und Not der Zeit mit einem Male heben sollen, werden von ihnen gesponnen und, soweit es in ihrer Macht steht, verwirklicht. Jedoch der Erfolg war der denkbar dürftigste. Der peinliche Eindruck nutzlosen Ringens, erfolgloser Arbeit ist der einzige, welchen diese Zeit bei uns erwecken kann. Aber aus dieser Gährung tritt siegreich die Gesinnung des 18. Jahrhunderts, der klassischen Zeit unserer Kulturgeschichte, hervor. Ohne dafs

Pforzheim jetzt einen Platz in der Geschichte der geistigen Bewegungen beanspruchen könnte, machen sich die Erfolge der geläuterten Auffassung des Staats- und Menschenlebens in der Aufklärungszeit um so lebhafter geltend: vor seinen Thoren, in den Dörfern der Umgegend, sucht Markgraf Karl Friedrich den Musterstaat der physiokratischen Theorieen zu gestalten, seine Bürger vereinigen sich zu Handelsgesellschaften, die mit weitem Blick die Scharen der Schwarzwälder Holzfäller wie der Rhein- und Neckarflöfser zu beschäftigen wissen, der Anblick der betriebsamen Württemberger in ihrer Nachbarschaft erzeugt nicht mehr wie sonst nur lähmenden Neid, sondern rühmlichen Wetteifer; der Pforzheimer wird wieder stolz auf seine Heimat; er lauscht mit Begeisterung dem trefflichen Volksschauspiel, in dem ein Mitbürger die ruhmvolle Vergangenheit der Vaterstadt feiert, und bildet arglos aus dem Dichterwerke einen romantischen historischen Mythus. Das eben ist das Merkwürdige an dieser Zeit, dafs die Menschen allem einzelnen Thun und Trachten eine Beziehung zum Allgemeinen zu geben wissen; dem kleinen Kreise ihrer Thätigkeit geben sie dadurch in den eigenen Augen eine höhere Würde.

Schon aber machen sich die Zeichen einer anders gearteten Zeit geltend. Das alte, oft behandelte Problem der Erziehung der Waisen zu industrieller Thätigkeit hat nochmals Veranlassung gegeben, eine kleine Kolonie fremder Kunsthandwerker nach Pforzheim zu führen. Ein fremdes Element, waghalsig, leichtsinnig, energisch und grofssprecherisch, kommt damit unter die alte ehrbare Bürgerschaft; mifstrauisch hält sie sich lange zurück, aber auch ihr Gesichtskreis wird erweitert, ihre Geschäftskunde erhöht, und auch sie beginnt allmählich sich an einer Industrie zu beteiligen, die auf Spekulation für weit entfernte Länder arbeitet. Das Bijouteriegewerbe wird nach und nach das wichtigste der Stadt, und sofort treten auch alle Fragen und Schwierigkeiten ein, welche die moderne Industrie begleiten. In diesem Strudel des aufgeregten Geschäftstreibens ist jetzt kein Raum mehr für die gemütvolle und etwas selbstgefällige Beschaulichkeit der vergangenen Generation. Diese Männer, die gespannten Blickes alle rasch wechselnden Chancen der Gegenwart im Auge behalten müssen, haben nicht Zeit in die Vergangenheit zurückzublicken; und wie sie vor allem bestrebt sind, sich persönlich geltend zu machen, vorwärts zu kommen, haben sie für die allgemeinen Verhältnisse zunächst wenig Interesse. So ist der Unterbau errichtet, auf dem sich das Pforzheim des 19. Jahrhunderts aufbaut.

Wer nun heute diese merkwürdige Stadt betrachtet, die dem äufseren Auge so wenig bietet, eine der unscheinbarsten Mittelstädte Deutschlands, aber einer der wichtigsten Industrieplätze Europas, der wird hier auf engem Raume alles zusammengedrängt finden, was das moderne Wirtschaftsleben an Eigentümlichkeit bietet: eine Weltindustrie, die nicht auf dem Ruhme weniger grofser Firmen, sondern auf der rastlos emporstrebenden Arbeit einer ganzen industriellen Bevölkerung beruht, die den Pforzheimer nach den Ländern aller Zonen und die Kaufleute aller Erdteile nach Pforzheim führt, eine Industrie, die zugleich die feinste Arbeitsteilung und die höchste Geschmacksausbildung fordert, die mit der Zuziehung ländlicher Arbeitskräfte rechnet und doch dem begabten Arbeiter den Übergang zur Selbständigkeit leichter als jede andere macht, die von jeder Weltbegebenheit aufs nächste berührt wird und doch ganz in den Zuständen der nächsten Heimat wurzelt.

Fürwahr! auch die Betrachtung der Vergangenheit einer solchen Stadt mufs fruchtbar sein für die Kenntnis unseres Nationallebens; denn das ist die Aufgabe aller Geschichte, mag sie die gröfsten, mag sie die kleinsten Gegenstände behandeln: die Gegenwart zu erklären und zu verstehen, dadurch dafs wir sie aus der Vergangenheit hervorgehen sehen.

I.

An der Stelle, wo sich die drei gröfsten Bäche des östlichen Schwarzwaldes, Enz, Nagold und Würm, bald nachdem sie das Gebirge verlassen, zu einem ansehnlichen Flusse ververeinigen, lag von alters her das Dorf Pforzheim im fränkischen Enzgau. Zwei gröfsere Verkehrswege, die Strafse, die von Durlach, und die früher noch wichtigere, welche von Bretten her nach Schwaben führt, vereinigten sich hier. „An des Reiches freier Strafse gelegen", werden die Gehöfte der alten Stadt, des früheren Dorfes Pforzheim, in Urkunden und Güterbüchern bezeichnet. Durch diese ausgezeichnete Lage ward Pforzheim der natürliche Mittelpunkt der Landschaft, lange bevor ihm Stadtrecht erteilt war; als Markt derselben scheint es zuerst in die Höhe gekommen zu sein. Denn es war nicht, gleich der einen Schwesterstadt, Baden, das Haupt einer ausgedehnten Markgenossenschaft oder, gleich der anderen, Kalw, der Sitz eines Dynastengeschlechtes, das Kaiser und Päpste unter seine Verwandten zählte; ein Gericht, das mit freien Leuten besetzt war, und ein Markt, der von fremden Kaufleuten und den Bauern der Umgegend besucht ward, das sind die Ausgangspunkte seiner Entwicklung. Die weltlichen Oberherren — nach der Teilung der Kalwer Grafen in mehrere Linien war es die eine derselben, die der Grafen von Eberstein — betrachteten bereits gegen das Ende des 11. Jahrhunderts den Markt als das unveräufserliche Stück ihres Besitzes, während sie die übrigen Hoheitsrechte über Pforzheim unbedenklich zerteilten, verkauften oder verschenkten.

Seit der Mitte dieses Jahrhunderts war in der nächsten Nachbarschaft in diesem bisher an Klöstern ziemlich armen Gebiete die mächtigste der süddeutschen Benediktinerabteien emporgeblüht: Hirsau, dessen Äbte eine allgemeine Klosterreform durchzusetzen trachteten, der festeste Stützpunkt des Papstes Gregor VII in seinem Kampfe gegen die kaiserliche

Macht, das Haupt einer weit ausgebreiteten Kongregation von Ordensleuten. Wenn die Hirsauer in solcher Weise ihr Augenmerk beständig auf die grofsen Welthändel gerichtet halten mufsten, fanden sie doch die dauernde Gewähr ihrer Bedeutung in der Ausdehnung und Festigung ihres Besitzes in der Nachbarschaft. In Pforzheim erlangten sie nach und nach den gröfsten Teil der obrigkeitlichen Rechte, und ein grofser Fronhof, mit vielen Hufen Landes ausgestattet, diente ihren landwirtschaftlichen Zwecken. Auch dieser lag in der alten Stadt neben den Ackergütern der teils freien teils hörigen Bauern, die hier wohnten. Der Charakter des Dorfes blieb hier unverwischt, auch als die Altstadt von der neuen Gründung an ihrer Seite, die ihren Namen beibehielt, überflügelt wurde.

Wann dies neue Pforzheim entstanden ist, können wir nicht mit Bestimmtheit sagen. Keine Urkunde, keine Nachricht eines Schriftstellers giebt uns darüber Aufschlufs; nur soviel können wir mit Wahrscheinlichkeit vermuten, dafs die Hohenstaufen ihre Gründer gewesen sind. Im Jahre 1185 wird Pforzheim zuerst als Stadt genannt, nachdem es kurz zuvor noch einmal als Dorf bezeichnet worden ist; damals aber finden wir bereits eine Bürgerschaft unter einem Schultheifsen, den der Herr der Stadt aus ihren Geschlechtern ernennt.

Die Hohenstaufen hatten wieder die zersplitterten Hoheitsrechte vereinigt; teils waren sie aus der Hand der Ebersteiner in die ihrige gelangt, teils übten sie dieselben als Vögte von Hirsau aus. Vereinigt gelangten sie dann durch Erbschaft an die Markgrafen von Baden, bei denen fortan Pforzheim als die bedeutendste Stadt ihres Fürstentums geblieben ist.

Es haben in der lebhaft erregten, rasch vorwärts schreitenden Zeit des 12. Jahrhunderts Kaiser und Fürsten miteinander gewetteifert das bisher städtearme oberrheinische Land mit befestigten Marktplätzen auszustatten, die, von einer wehrhaften Bürgerschaft besetzt, dem friedlichen Verkehr wie der kriegerischen Sicherung dienen sollten. In ihre Reihe gehört auch Pforzheim. Deutlicher, als es Berichte der Zeitgenossen könnten, sprechen die unverwischbaren Züge seines Bauplanes von der Art seiner Entstehung und kennzeichnen es als planvoll angelegte Gründung, nicht als allmählich entstandene, unregelmäfsig zusammengewachsene Stadt. Unter dem Schutze der Burg auf der Höhe, die den Überblick über die Bergabhänge und Thalausgänge gewährt, ward es mit vollkommener Regelmäfsigkeit erbaut. Rechtwinklig sich schneidende Strafsen wurden um das längliche Viereck des Marktplatzes gruppiert, Häuserviertel von geringer Breite und Tiefe, die keinen Raum für ansehnliche Ackerhöfe liefsen, wurden ausgemessen; wohl von Anfang an hat man die Wasserkraft der abgedämmten Enz zu Mühlen und zu kleineren industriellen Unternehmungen verwendet. So hat Pforzheim von Anbeginn den malerischen Reiz nicht besessen wie andere mittelalterliche Städte, deren Äufseres schon unseren Augen ihre mannigfaltigere Geschichte offenbart; es war seit seinem Ursprunge so recht eine wohlgeordnete Stadt des gewerbfleifsigen Bürgerstandes unter fürstlicher Obhut.

Hierher zogen sich nun bald die freien Geschlechter der Umgegend, zunächst wohl die der Altenstadt; denn die gröfseren in dieser gelegenen Höfe erscheinen fortan im Besitze von Pforzheimer Bürgern. Weit umher im Lande zerstreut lagen ihre Besitzungen, und schon dadurch gewann Pforzheim noch erhöhte Bedeutung; sie selber zählen sich aber nicht zum niederen Adel, sie leben nicht wie dieser nach Lehenrecht und besitzen nicht nach solchem durch Verleihung eines Oberherrn ihre Güter, sondern sie sind und heifsen „Bürger von Pforzheim", sie stehen unter dem allgemeinen Landrechte und besetzen aus ihrer Mitte das Gericht mit 12 Schöffen. Auch der Schultheifs, den der Oberherr ernennt, scheint bis über den Anfang des 15. Jahrhunderts hinaus regelmäfsig aus den alten Geschlechtern, dem Patriciat, genommen worden zu sein.

Zahlreiche Urkunden geben von der Thätigkeit des Pforzheimer Stadtgerichtes während des 13. und 14. Jahrhunderts Zeugnis. Es ist und bleibt der hauptsächliche Träger des einheimischen Rechtes in diesen Gegenden, und als Schöffen, deren Wirksamkeit sich weit über die Mauern ihrer Stadt erstreckt, nehmen diese Patricier eine Stellung ein, die der des angesessenen Adels mehr als gleichwertig ist. Für alle Untergerichte der Markgrafschaft Baden bildet Pforzheim die Berufungsinstanz; das Privatrecht, wie wir es in seiner Schultheifsenordnung niedergeschrieben finden, ist deshalb die wichtigste Quelle unserer Kenntnis der Rechtszustände dieses Fürstentums. Auch als mit dem Ende des 15. Jahrhunderts das Hofgericht des Fürsten selber die Appellationen an sich zieht, wird doch der Pforzheimer Schöppenstuhl noch einmal ausdrücklich in seiner alten Stellung daneben anerkannt.

Wann neben das Gericht noch ein besonderer Rat getreten, das läfst sich nicht näher feststellen. Wo Bestimmungen getroffen werden, die über Rechtsentscheide und Beurkundungen hinausgehen, wie z. B. Vereinbarungen über Steuerzahlungen, da wird auch ausdrücklich „die einmütige Beistimmung der Bürger" betont; unterzeichnet wird die Ausfertigung wieder nur von den 12 geschworenen Richtern. Solche Angelegenheiten wurden also vor die allgemeine Bürgerversammlung gebracht, die nicht anders wie in den Markgenossenschaften und Dörfern sonst regelmäfsig zur Rügung von Freveln zusammentrat. Nach aufsen hin vertrat das Gericht allein die Gemeinde. Ausdrücklich genannt wird der Rat erst in der städtischen Verfassungsurkunde von 1486; doch hat er damals sicherlich schon längere Zeit bestanden[1]. Er war in Pforzheim, wie weitaus in den meisten Städten, eine Erweiterung des Gerichtes. Zu den 12 geschworenen Richtern waren noch 12 weitere Ratsherren getreten; beide gemeinsam wählten alljährlich den Bürgermeister, unter dessen Vorsitz sie über die Verwaltung der Stadt berieten und beschlossen. Denn die Selbstverwaltung, die früher bei der gesamten Gemeinde geruht, ist das eigentliche Arbeitsfeld des Rates. Die Schöffenbank ist zwar nur die ältere Abteilung desselben, aber sie spricht das Recht nicht im Namen der Gemeinde, sondern in dem des Fürsten, dem der Gerichtsbann gehört und der den Vorsitzenden, den Schultheifsen, ernennt.

Bis zum Anfang des 15. Jahrhunderts war der Schultheifs ebenso wie die Schöffen den Geschlechtern entnommen; das Amt war fast ein Jahrhundert lang sogut wie erblich gewesen in der angesehensten und reichsten Familie, der der Göldlin von Tiefenau. Um jene Zeit hatte dieselbe weichen müssen. Sie war hauptsächlich über Geldforderungen in Zwistigkeiten mit dem Markgrafen Bernhard geraten, hatte, aus Pforzheim verdrängt, sich durch Fehde in der Nachbarschaft ihr Recht zu verschaffen gesucht und war schliefslich nach Zürich ausgewandert, wo sie um ihres Reichtums willen ebenfalls bald zum Reichsschultheifsenamt gelangte. Um dieselbe Zeit verschwinden auch die andern alten Patricierfamilien, die Göfslin, Liebener, Reinmar und Weise. Wechselnde Namen kleinbürgerlicher Geschlechter erscheinen im Gerichte, und der Schultheifs ist fortan ein Fremder, den der Markgraf schickt. Vielleicht hat eben dieser Umstand dazu beigetragen, dafs man neben ihn den einheimischen Bürgermeister setzte.

Wen aber vertrat dieses Gericht und später dieser Rat? Wie setzte sich die Bürgerschaft von Pforzheim zusammen? Hier sehen wir den wichtigsten Unterschied der kleinen fürstlichen Städte von gröfseren, zumal von denen, die zur Reichsfreiheit sich emporschwangen. Für jene gilt es allgemein, dafs der Aufenthalt in der Stadt unverträglich ist mit der Leibeigenschaft; entweder sehen sie streng darauf, dafs der neu Einziehende sich seiner Verpflichtungen zuvor entledigt hat, oder wenn sie in diesem Punkte wenig skrupulös sind, schützen sie ihn jedenfalls gegen die Ansprüche, die noch gegen ihn wegen seiner Herkunft erhoben werden könnten. In Pforzheim dagegen ebenso wie in Baden, in Durlach sitzen

---

[1] Pflüger setzt die Wahlordnung des Gerichts, Rats und Bürgermeisters ins Jahr 1409. So steht es in der That im städtischen Ordnungsbuch, ist aber ein Schreibfehler für 1509, wie aus der übrigen Datierung, die nur auf 1509 pafst, sowie aus dem Inhalt (Erwähnung des fürstlichen Landhofmeisters u. dgl.) hervorgeht.

neben den freien Leuten in überwiegender Anzahl Leibeigene. Der Markgraf, der von ihnen die gewöhnlichen Abgaben, die aus diesem Verhältnis flossen, erhob, gewährte ihnen auch keineswegs die Freizügigkeit. Durch besonderen Vertrag hatte er z. B. die Stadt Speier verbunden, keine Pforzheimer Leibeigenen aufzunehmen. Wohl waren auch diese dem Stadtgericht untergeben, auch mufsten sie in gleicher Weise an den städtischen Lasten teilnehmen, aber des aktiven Bürgerrechtes ermangelten sie.

Ganz selbständig erscheint noch in der Mitte des 15. Jahrhunderts die alte Stadt, nachdem bereits das neue Pforzheim sich durch die Brötzinger Vorstadt erweitert hatte. Sie ist mit Mauer und Graben besonders umgeben und steht unter eigenen 3 Richtern. Diese aber sind dem niederen Handwerkerstand oder den Weingärtnern entnommen, kleine, wahrscheinlich unfreie Leute ohne eingehende Rechtskenntnis und eigentliches Ansehen. Nur die kirchliche Gewalt war der alten Stätte treu geblieben; die Schlofskirche auf dem Berge blieb nur die abhängige Tochter der Altstädter Mutterkirche. Noch 1349, als ihr von dem Speirer Bischof eine selbständigere Stellung eingeräumt wurde, blieb ihren Pfarrern das Recht der Taufe und der Verkündigung der geistlichen Anordnungen vorenthalten. Demungeachtet hatte sich in der neuen Stadt auch das kirchliche Leben viel reicher entfaltet. Zum Schmuck und zur Bereicherung der Schlofskirche wirkten die Fürsten und die vornehmen Bürger zusammen. Fast jedes der Patriciergeschlechter hatte dort eine Pfründe, einen Altar gestiftet, behielt sich die Verfügung vor und fand dort sein Erbbegräbnis. Die ältesten Denksteine an den Denkmälern reichen Baues gehören diesen Geschlechtern an. Die benachbarten Klöster erwarben bedeutendes Eigentum in und bei der Stadt, zumal durch Vermächtnisse der Bürger, und in dieser selbst waren schon im 12. und 13. Jahrhundert vier Klöster entstanden, zu denen später noch zwei weitere traten.

Kein Wunder, dafs das rasche Anwachsen des Besitzes der toten Hand Bedenken erregte. Bereits im Jahre 1287 verordnete Markgraf Rudolf binnen Monatsfrist den Verkauf desselben bei Strafe der Einziehung. Die Klosterleute sollten auf den Besitz von Geld und Renten beschränkt sein. Nur die Äbte von Herrnalb wufsten für ihren gegenwärtigen Besitz eine Ausnahme zu erwirken, für zukünftige Schenkungen unterlagen auch sie der Bestimmung. Auch genofs die Geistlichkeit keinerlei besondere Befreiung von städtischen Lasten. Für die Steuern, die sie von ihrem Gebäude und der darin betriebenen Wirtschaft zu entrichten hatten, kamen die Herrnalber 1295 über eine jährliche Pauschsumme von 5 *tt* Heller überein.

Bei der Abhängigkeit und Zerspitterung, in der sich die niedere Bürgerschaft befand, war nicht daran zu denken, dafs sie auch nur eine eigene genossenschaftliche Verwaltung besessen hätte. Die Brotbänke gehörten der Stadt, die Mühlen Klöstern und wohlhabenden Geschlechtern, die sie verlehnten; die Kleinhandwerker besafsen keinerlei Zunftzusammenhang. Erst im Beginn des 15. Jahrhunderts fingen in einzelnen Gewerben die Gesellen, bald auch die Meister an, sich in geistlichen Brüderschaften zu Zwecken gegenseitiger Unterstützung und gemeinsamen Gottesdienstes zu verbinden; bis zu einem geordneten Zunftwesen ist von hier ein weiter Schritt.

Selbst die Flöfserei, das wichtigste Gewerbe der Stadt, das sich zum genossenschaftlichen Betriebe vor allem eignet, scheint doch eines solchen lange entbehrt zu haben. Noch im Jahre 1342, als Baden und Württemberg einen Vertrag über die Flöfserei auf dem Neckar schlossen, ist von keinerlei Genossenschaften die Rede. Die Flüsse werden für ewige Zeiten zu geöffneten, offenen Wasserstrafsen erklärt, die ein jeder gegen Entrichtung der vereinbarten Zölle benutzen darf. Die Flöfser erscheinen in keiner anderen Stellung als die Kaufleute, die sie gelegentlich samt ihren Waren transportieren. Als dann 1501 die erste ausführliche Ordnung der Schifferschaft gegeben wurde, scheint freilich die Genossenschaft schon zuvor bestanden zu haben.

So sind wir für die frühere Geschichte Pforzheims durchaus auf dürftige Nachrichten, die nur gerade für Vermutungen einen Anhalt geben können, angewiesen. Wir sehen keine bestimmte Richtung, die nach vorwärts drängt, wir vermögen kaum eine erkennbare Entwicklung zu beobachten bis ans Ende des 15. Jahrhunderts. Erst damals erfolgte ein völliger Umschwung durch die Verfassung, welche Markgraf Christoph der Stadt erteilte, um deren Ausbildung, Bewahrung, Verteidigung sich fast drei Jahrhunderte hindurch die Geschichte Pforzheims bewegt.

Die letzte Hälfte des 15. Jahrhunderts war eine kritische Zeit für die deutschen Städte. Früher waren immer mehr Landstädte zur Reichsfreiheit gelangt; jetzt sah sich im Gegenteil mehr als eine freie Stadt von dem Schicksal des goldenen Mainz bedroht, das wieder in die Gewalt seines Erzbischofs geraten war. Die Zunftkämpfe im Innern waren fast nirgends beendet. Die Versuche, alle freien Leute auf dem platten Lande durch Erteilung des Bürgerrechtes und Verleihung von Schutz an die Städte zu binden, hatten nach 1½ Jahrhunderten voller Kämpfe aufgegeben werden müssen. Die Bündnisse der Städte waren wenigstens in Oberdeutschland ohne Bedeutung und ihr Ansehen in den Angelegenheiten des Reiches sank unablässig. Allerdings ward die Arbeit des Bürgertums, ward der Betrieb von Handel und Gewerbe fortwährend wichtiger; aber eben deshalb versuchten die Fürsten jetzt mit viel vollkommnern Mitteln als früher dieselbe in ihrem Sinne, zum Vorteil ihres Staates, zu leiten. Es bildete sich erst in jener Zeit eine umsichtige Verwaltung in den Fürstentümern aus, die das Wohl aller Stände zu berücksichtigen bestrebt war, die sich bestimmte Ziele zur Hebung der Volkswirtschaft und zur Ordnung der socialen Verhältnisse setzte, die ihren Willen überall durchzusetzen trachtete. Die Förderung städtischer Betriebsamkeit mufste ihr deshalb zwar vor allem am Herzen liegen, aber den Städten ein so grofses Mafs politischer Rechte zuzumessen, dafs sie sich, wie es früher der Fall gewesen, von dem Fürstenstaate trennten, waren sie nicht geneigt.

Unter diesen klugen, landesväterlichen Verwaltern steht in Württemberg Herzog Eberhard im Bart, in Baden Markgraf Christoph an erster Stelle, beide gleich wohlwollend und umsichtig, zur rechten Zeit bedächtig und durchgreifend, und beide mit einer seltenen Begabung für die Organisation eines kleinen Staatswesens ausgestattet. Nur in einem Punkte hat sich die Einsicht des Württembergers der seines badischen Nachbars überlegen gezeigt: Er schlofs die Teilung seines Fürstentums für alle Zukunft aus, während sie Christoph selber veranlafste.

Eberhard hat den Grund gelegt zu der württembergischen Verfassung, durch die das Land zu einer festen Einheit zusammengewachsen ist, nachdem es aus Hunderten von kleinen oft zufällig erworbenen Stücken zusammengekommen war. Christoph hat seinem Lande die musterhafteste einheitliche Verwaltung und Rechtsprechung gegeben. Dieser wie jener war besonders darauf bedacht, bürgerliche Betriebsamkeit emporzubringen, und beide wufsten, dafs sie, um dies zu erreichen, der bürgerlichen Selbstverwaltung gröfsere Rechte, als sie bisher besessen, einräumen mufsten.

Für den badischen Markgrafen mufste hierbei Pforzheim in erster Linie stehen. In der Verfassungsurkunde der Stadt vom Jahre 1486 konnte er mit Recht ihre Anhänglichkeit rühmen: Gegen alle seine Vorfahren habe sie sich mit Hülfe getreu erzeigt und sich willig und wohl gehalten. In der That war es den Pforzheimern nie in den Sinn gekommen, sich durch den Anschlufs an die benachbarten schwäbischen Reichsstädte gröfsere Selbständigkeit zu verschaffen. Man hatte sie wohl besondere Huldigungseide schwören lassen, sich nie dem Hause Baden zu entfremden; aber beinahe hätten dieselben überflüssig scheinen können.

Die erste Stadt seines Fürstentums sei Pforzheim, erklärte damals Christoph, und dennoch sei sie nicht höher gefreit als andre, und seit langer Zeit sei sie mehr zum Abgang als zum Aufgang gerichtet gewesen. Offenbar hatte die Auswanderung und das Aussterben ihres Patriciates die Stadt stark beeinträchtigt.

Eine Vermehrung ihrer Freiheiten, die Erteilung einer guten Polizei und Ordnung sollten fortan dazu dienen, daſs die Stadt von sich selbst aus gebessert und in unvergänglichem Wesen gehalten und gehandhabt werde, daſs die Einwohner an Ehren und Gut zunehmen und daſs Fremde hineinzuziehen desto mehr gereizt und begierig werden möchten. Zu diesem Zwecke sollte besonders die Versicherung dienen, daſs alle jetzigen und künftigen Einwohner in allen Gewerben frei und unverborgen zu Pforzheim hantieren und handeln, sie üben und brauchen dürften zu ihrem Besten: Leibesfreiheit, Steuerfreiheit, Gewerbefreiheit, Selbstverwaltung, das sind die Rechte, auf die nunmehr die Pforzheimer Bürgerschaft sich stützen soll.

Erst jetzt ward alle Leibeigenschaft in Pforzheim, der Altenstadt und den Vorstädten abgestellt und eine Habeascorpus-Akte zugleich erteilt, daſs kein Einwohner an Leib oder Gut angegriffen oder zur Haft gebracht werden solle ohne richterlichen Befehl, auſser in Kriminalfällen. Erst jetzt ward hiermit auch die volle Freizügigkeit, deren Mangel überall den Leibeigenen kennzeichnete, zugestanden, „also daſs sie mit ihren Leibern und allen ihren Gütern aus und ein mögen ziehen, fahren, wohnen und kommen, wann und wohin einem jeglichen, er sei arm oder reich, je zu Zeiten füglich, eben und gelegen wäre".

Mit dieser Verbesserung des persönlichen Rechtes ging Hand in Hand eine solche der materiellen Zustände. Bisher hatten die Einkünfte des Fürsten wie der Stadt wesentlich auf direkten Abgaben beruht. Schon im Jahre 1295 werden als Lasten, die auf einem bürgerlichen Grundstück ruhen, Steuer, Bete, Ausziehen, Bürgschaft, Wachtpfennig, Thorlohn, Raubbete genannt, auch jetzt waren es ungefähr dieselben, nur teilweise unter andern Bezeichnungen, Bete, Schatzung, Steuer, Frondienst, Landschaden, Führung. Rechnen wir hinzu, daſs auch die kirchlichen Abgaben, die Zehnten, direkt abgeführt wurden und daſs auf vielen Grundstücken und Gewerben, Walken, Mühlen, Feueressen noch besondere Herrschaftszinse lagen, so zeigt sich uns in der That ein unerträglicher Zustand. Die Menge dieser kleinen Abgaben, die ebensoviel Aderlässe an den Kräften des bürgerlichen Gewerbes bedeuteten, war fast ebenso drückend wie ihre Höhe. Sie alle wurden — die kirchlichen und die festen Zinse natürlich ausgenommen — jetzt mit einem Schlage abgeschafft, auſser für Fremde, die in Pforzheim nicht ansässig, aber begütert waren, und es ward eine Besteuerung der Konsumtion an ihre Stelle gesetzt. Eine solche hatte zwar auch bisher nicht gefehlt. Schon Markgraf Bernhard hatte sich von Kaiser Sigmund das Recht erteilen lassen, in Pforzheim ein Ungeld aufzusetzen, wie es in andern Städten üblich sei. So beschränkt war damals noch die Fürstenmacht, wenigstens dem Rechte nach gewesen, dafs eine solche kaiserliche Bestätigung hierbei ebenso wie etwa bei der Errichtung eines neuen Zolles nötig schien. Dieses alte Ungeld war aber nur eine Auflage auf den in den Wirtshäusern verzapften Wein gewesen; jetzt dagegen führte Christoph eine gleichmäfsige Besteuerung des Verbrauches in den Haushaltungen ein. Von jedem Malter Getreide, mochte ihn der Bäcker, mochte ihn der Privatmann mahlen lassen, wurde eine Gebühr gezahlt, vom Kernen 12, vom Roggen 9, vom Dinkel 6, von der Gerste 3 Pf. Von jedem Ohme Wein, den der Bürger selber einlegte, hatte er 6 Pf. zu entrichten, was allerdings gering war neben dem Ungeld der Wirte, die bei jedem angestochenen Fafs vom Ohm 8 Mafs in Geld gaben. Ebenso war dem Bürger zugelassen, jährlich 2 Schweine ungeldfrei im Hause zu schlachten, für alle übrigen mufste er gleich den Metzgern von je 5 ℔ 1 ₰ zahlen. Endlich mufte alles Salz zum Hausgebrauche aus dem städtischen Lager bezogen werden. Der Grofshandel mit Salz war wie aller Handel freigelassen; aber selbst der Kaufmann, welcher ihn trieb, durfte für seine eigene Haushaltung nichts von seinem Vorrat entnehmen.

Es war eine starke Verteuerung des Lebensunterhaltes, die hiermit eingeführt wurde, aber es schien nicht nur Christoph, sondern auch den Bürgern, dafs erst hierdurch die sonst erteilte Freiung und Begnadigung recht fruchtbar und stattlich werde. Die Vorteile, welche die Stadt vor dem platten Lande genofs, waren aufserordentlich grofs; zumal Christoph mit aller Energie daran ging, das Gewerbe ausschliefslich in der Stadt zusammenzuziehen und auf den Dörfern auszurotten; da machte es nicht viel aus, die Lebensmittelpreise etwas zu erhöhen. Hier wie überall konnte man erwarten, dafs auf die kaufende Landbevölkerung ein Teil der Accise werde abgewälzt werden können. Vor allem aber bedeutete der Wegfall der alten Abgaben, die am Grund und Boden gehaftet hatten, eine grofse Erleichterung des Verkehrs und derjenige der Fronden war eine Entlastung des Personen, die unbeschränkt über ihre Zeit und Kraft verfügen wollten.

Dieselbe Absicht verfolgte der Markgraf, indem er die Abgaben vom Verkehre bedeutend ermäfsigte. Zwar blieb es mit dem Landzoll, der vorwiegend den durchgehenden Kaufmann traf, beim alten; hingegen ward der Pfundzoll, der von allem Warenumsatz im Handel und Gewerbe bezahlt wurde, bis auf 1 ₰ vom Gulden des Warenwertes ermäfsigt.

Aufser den Zöllen, die dem Markgrafen allein als Regal zustanden, wurden alle eingehenden Steuern zwischen ihm und der Stadt geteilt. Auch die Erheber wurden abwechselnd von beiden ernannt und die Verrechnung vor den beiderseits verordneten Beamten vollzogen. Zu diesen sollte noch eine

Anzahl Bürger von der Gemeinde zugezogen werden. Nur ein Viertel gebührt aber der Stadt, drei Viertel dem Markgrafen. Von diesem Viertel mufsten die Behörden alle Bauten der Stadt, ihre Bewachung, alle Amtsbesoldung decken, ohne mit irgend weiteren Auflagen und Beschwerden Bürger und Einwohner zu drängen. So viele Freiheiten sonst auch gewährt waren, das Recht der Selbstbesteuerung, der getrennten Finanzverwaltung ward Pforzheim vorenthalten. Es sollten die Interessen der Stadt und des Staates auf diesem Gebiete immer verbunden sein.

Aufserdem besafs Pforzheim allerdings auch liegende Güter, Allmende und Wald, in deren Besitze es von neuem bestätigt ward. Aber hier sowenig wie anderwärts in jener Zeit dienten diese der Finanzwirtschaft der Stadt. Sie sind für die Nutzung der Bürger da, zur Unterstützung ihrer Privatwirtschaften. Wie sie diese regeln, wie sie die Anteile zumessen, wie sie Übertretungen und Frevel büfsen will, das ist Sache der Gemeinde, die hier nicht viel anders verfährt als die Dorfgemeinden. Nur dafs das Weistum, das in Pforzheim galt, mehr juristische Bestimmungen enthielt, als es sonst üblich war.

Ebenso besafs die Stadt die kleinen Gefälle allein zu eigen, die für die Benützung ihrer Anstalten und Anlagen entrichtet wurden, von den Wegen und Mefsbuden, von der Wage und dem Kaufhaus, von den Läden im Erdgeschofs des Rathauses, vom Zwinger zwischen den Stadtmauern und vom Stadtgraben, von ihren Fischereien, von den kleinen industriellen Anlagen am Gewerbskanal, endlich die Bufsen für Übertretungen der Stadtordnung — alles alter Besitz, der nur verbrieft zu werden brauchte, kleine Einkünfte, auf die man die angestellten Beamten selber angewiesen hatte. Aber ein bedeutendes Feld der Selbstverwaltung war auch hier gegeben.

In aufserordentlichen Fällen blieb natürlich die Bürgerschaft zu besonderer Hülfe verpflichtet; aber nur in dem Fall, dafs ein Markgraf in Gefangenschaft geriete und losgekauft werden müfste, sollte dieselbe in einer Schatzung bestehen, wie sie vom übrigen Lande gefordert würde. Es war noch nicht lange her, dafs den Vater Christophs, den Markgrafen Karl, in der Schlacht von Seckenheim gegen Friedrich den Siegreichen von der Pfalz dieses Schicksal betroffen hatte, und Pforzheim trug die Erinnerung hieran am lebendigsten in sich; denn unter andern lästigen Bedingungen hatte der Markgraf vor seiner Freilassung diese seine Hauptstadt von der Pfalz zu Lehen nehmen müssen.

Für die Zukunft aber war es wichtiger, dafs Pforzheim für die Schulden seines Landesherrn haftbar erklärt wurde. Die erhöhten Anforderungen der Verwaltung, der verwickelten politischen Verhältnisse und des Haushaltes der Fürsten machten bald auch in der Markgrafschaft die Aufnahme gröfserer Schuldenmassen notwendig. Aus den Bewilligungen der Unterthanen zu ihrer Verzinsung und Löschung entwickelte sich auch hier eine landständische Verfassung, deren Organe über ein Jahrhundert tief in alle Fragen der Verwaltung und Gesetzgebung eingegriffen haben. In Pforzheim versammelten sich gewöhnlich die Landstände der unteren Landesteile, und auf die gewerbfleifsige Stadt entfiel ein Hauptanteil an den beschlossenen Einkommensteuern. So erwuchs aus der städtischen Selbstverwaltung auch hier ein Anteil an der politischen Verwaltung. Diese war auch hier die Schulung für jene.

Rechtsprechung und Polizei lagen beide gleichmäfsig in den Händen des Stadtrates, zu gleicher Zeit aber auch die Vertretung, der Schutz des einzelnen Bürgers nach aufsen. Allen Unfug und alle Mifshändel in der Stadt und den Vorstädten, besonders allen Ungehorsam gegen ihre Gebote und Verbote sollen sie strafen; worauf noch nicht Bufsen gesetzt sind, da mögen sie es zur Stunde thun, und sie, so oft sie verbrochen werden, fürderlich einbringen. Sie sollen auch niemand unrecht geschehen lassen, sondern stets daran sein, dafs einem jeglichen Recht widerfahre und ihm seine Freiheit gehalten werde. So sollen auch Bürgermeister, Gericht und Rat hinwiederum sich selbst und desgleichen die anderen, Bürger und Gemeinde, auch in geziemenden Ehren halten und „zu Unschulden nit übergeben", — so waren kurz und kräftig Rechte und Verpflichtungen der Stadtbehörde im Privileg von 1486 zusammengefafst.

Der Rat war zwar seiner Entstehung nach und ebenso nach seiner jetzigen Zusammensetzung nur das erweiterte Gericht; aber demungeachtet waren Rechtsprechung und Verwaltung noch scharf voneinander geschieden. Denn das Recht geht vom Fürsten aus; er setzt den Schultheifsen, der in seinem Namen und an seiner Statt Gerechtigkeit und Macht haben soll, der die Klagen annimmt, der alle 14 Tage regelmäfsig und sonst, so oft es nötig ist, das Gericht beruft, ihm vorsitzt, seinen Spruch ausführt und gegen Widersetzliche ihm Achtung verschafft. Der Vorsitzende des Rates, der Bürgermeister, ist im Gerichte nur der erste Beisitzer des Schultheifsen und nur dann sein Stellvertreter, wenn jener, weil er je nach dem Ausfall des Urteils einen Geldvorteil hätte, aus der Gerichtsstube abtreten mufs.

Weil dem Schultheifsen und seinen Unterbeamten die gesamte Exekutive anvertraut ist und zugleich von ihm die Untersuchung geführt wird, so waren Kollisionen mit der bürgerlichen Gewalt kaum zu vermeiden; zudem hatte er als Vertreter des Fürsten zugleich mit dem Bürgermeister die Obhut zu üben über Befestigungen und Thore, wie ihm auch die Bürgerannahme und die Erteilung der Heiratserlaubnis besonders deshalb übertragen war, weil er den Nachweis des Harnisches und der Waffen fordert.

Es war nicht umsonst, wenn in der genauen Ordnung des Schultheifsenamtes, die bald auf Grund der Stadtverfassung erfolgte, dem Träger desselben eingeschärft wurde: er möge sich nach ihr genau halten, doch so, dafs es wider der Stadt Freiheit und Ordnung, auch wider der Stadt Gewohnheit nicht sein solle. Es fehlte auch später nicht an Beschwerdepunkten der Gemeinde über unbeliebte Schultheifsen. Immer aber ist zu beachten, dafs dieser mächtige Beamte vom Fürsten zwar seine Macht herleitete, sie aber ausübte allein als Vorsitzender der angeseheneren Abteilung des Rates, dafs er gewöhnlich, ohne selbst zur Abstimmung gelangt zu sein, an deren Entscheid gebunden blieb, dafs diese Schöffen die eigentlichen Kenner des Rechtes und das Tribunal für die Untergerichte der Markgrafschaft blieben.

Der Rat in seiner Gesamtheit mit dem jährlich wechselnden Bürgermeister an der Spitze sorgte für die ganze ausgedehnte Verwaltung und entschied alle Streitigkeiten, in denen es sich um Angelegenheiten derselben handelte. Durch die neue Verfassung wurde ihr Kreis noch bedeutend gegen früher erweitert. Die Bestimmungen über die Konsumtionsbesteuerung machten eine genaue Aufsicht auf Müller, Bäcker, Metzger und Wirte nötig. Die Aufsicht über das Kaufhaus wurde dadurch strenger, dafs in Zukunft alle Makler städtische Beamte sein sollten. Zugleich versprach Christoph die Konzession zu einer Bank, einem Gold- und Geldwechsel zu verleihen, die alsdann von der Stadt an einen Privatunternehmer gegeben werden dürfe.

Diese Dienste übernahm der Rat im Interesse des allgemeinen Handels und Wandels. Die Freiheit desselben wurde im allgemeinen anerkannt: „Es soll und mag ein jeder unsrer Bürger und Einwohner zu Pforzheim sein Gewerbe mit Waren aus und ein und zu Pforzheim treiben, und es soll einem jeden die Stadt mit Ein- und Ausfahren ganz offen sein." Aber eine Klausel am Schlufs: es wäre denn, dafs seine Ware in der Stadt bedürflich und not wäre, hob diese Freiheit nahezu wieder auf.

Ebenso waren zunächst alle Zünfte untersagt. Mit Mifstrauen blickten diese Fürsten, die eine durchaus friedliche, ruhige Entwicklung unter ihrer Obhut wünschten, auf diese unruhigen Verbindungen der Handwerker. Sie sahen, dafs die alten Reichsstädte durch den fortwährenden Widerstreit des Rates und der Gemeinde zerrüttet waren, sie bemerkten auch, dafs die Zünfte, wo sie herrschten, sich ein Monopol zu verschaffen suchten; sie waren überhaupt allen selbständigen Genossenschaften, die nicht aus obrigkeitlicher Anordnung, sondern aus freier Verbindung der Genossen entstanden, von

Grund aus abgeneigt. In dieser Feindseligkeit gegen den Grundsatz, auf dem das ganze öffentliche Leben des Mittelalters beruht hatte, zeigte sich besonders der Charakter der modernen Verwaltung; selten ist er schärfer ausgesprochen worden als von Christoph: „Es sollen auch weder Bürgermeister, Gericht und Gemeinde noch die Einwohner, samthaft oder sonderlich, unter sich selber, noch mit jemand andern keinerlei Bündnis machen, sich zusammen verschreiben, geloben, verschwören noch verheifsen ohne unser, unserer Erben und Nachkommen Wissen und Willen." In diesem allgemeinen Verbote aller Verbindungen waren die Zünfte inbegriffen; wenige Jahre später, als Markgraf Christoph eine gemeinsame Landesordnung erliefs, wurden sie auch ausdrücklich genannt.

Keineswegs wollte man hiermit eine gewerbliche Freiheit einrichten. Die Selbstverwaltung der Genossenschaften schlofs man nur aus, um für die staatliche Regulierung freien Raum zu erhalten.

So erscheint uns diese Stadtverfassung in allen Punkten als ein klug berechnetes, wohl abgewogenes, in sich zusammenhängendes Ganze. Das Ziel, das sich die Staatsverwalter jener Tage gesetzt hatten: städtisches Leben emporzubringen, ohne doch neue Staaten im Staate zu schaffen, leuchtet überall sichtbar hindurch, und wir dürfen anerkennen, dafs die Mittel von ebensoviel Klugheit wie Wohlwollen zeugen.

Das beste Zeugnis für die Verfassung ist, dafs sie einmal gegeben keiner weiteren Veränderung bedurfte. Sie war im Jahre 1486 zunächst auf 6 Jahre erteilt worden, nicht als ob sie alsdann möglicherweise wieder abgeschafft hätte werden sollen, sondern weil man nach dieser Probezeit die gemachten Erfahrungen in der endgültigen Fassung verwerten wollte. Als diese 1491 erfolgte, war sie nur in ganz unbedeutenden Punkten geändert; hauptsächlich hatte man die genauer ausgeführte Instruktion des Schultheifsen und des Gerichtes und eine eingehend Niederschrift des Schuld- und Pfandrechtes der Stadt ausgeschieden aus der eigentlichen Verfassungsurkunde.

Denn diese gab nun Anlafs, genaue Unterweisungen für alle Seiten der städtischen Verwaltung auszuarbeiten. Im Jahre 1508 wurde die Art der Wahl für das Gericht und den weiteren Rat, den Bürgermeister und den wichtigsten Beamten, den Baumeister, festgestellt. Etwa gleichzeitig ward eine strenge Bauordnung erlassen, um die Rechte der Stadt an ihre Almende gegen Übergriffe der Privaten zu wahren, ein ordentliches Bauwesen zu gewährleisten und eine weitere Verschmälerung der ohnehin engen Strafsen durch Erker und Überbauten zu verhindern. Bei den städtischen Bauten war man ängstlich darauf bedacht, dafs Bürgermeister und Baumeister sich nicht unrechtmäfsige Vorteile verschafften. Jene Garantieen, die für die Selbstverwaltung jederzeit nötig sind, waren reichlich gegeben: alle Knechte, Diener, Arbeitsleute der Stadt wurden nicht von einem einzelnen, sondern vom ganzen Rate angenommen; kein Beamter durfte sie für sich arbeiten lassen, sowenig er Lieferungen an seine Verwandten vergeben durfte. Auch in der Lohnzahlung und den Abzügen an derselben war er an seine Instruktion gebunden. Statt Rückstände und Geldbufsen war es in jener Zeit allgemein üblich bei Unvermöglichen Arbeitsleistung für die Stadt eintreten zu lassen; aber hierbei durfte der Bürgermeister nur nach der Weisung des Gerichtes verfahren.

Wald und Feld, Brunnen und Gassen, Jahrmärkte und Wochenmärkte wurden genauer Regelung unterworfen, Reinlichkeit und Ordnung in ihnen aufrechterhalten. Die Ausarbeitung und Aufzeichnung dieser Bestimmungen fällt durchweg in die nächsten Jahrzehnte nach Erteilung der Verfassung unter die Regierung Christophs und seines gleichgesinnten Sohnes Philipp. Sie sind eine Ergänzung, ein Ausbau im kleinen von dem, was in jener in gröfseren Umrissen gegeben war. Eine überaus grofse Anzahl städtischer Unterbeamter sorgte für diese Dinge. Ihre Zahl hatte sich infolge der Bestimmungen der neuen Verfassung noch bedeutend vermehrt. Schon die Aufsicht, die durch die Steuererhebung nötig gemacht wurde, mufste dahin führen, dafs auch die Güte der gelieferten Waren einer Kontrolle unterworfen ward. Überhaupt aber war es seit der reicheren Entfaltung städtischen Lebens allgemeiner wirtschaftlicher Grundsatz, dafs die Gemeinde aufzukommen habe für die Qualität der Dinge, die zum Verkauf, sei es von auswärts sei es aus heimischer Werkstatt, gelangten. Nur darin bestanden Verschiedenheiten, ob die Schau von Organen der Behörde oder von solchen der Zünfte ausgeübt werden sollte. In Pforzheim konnte natürlich nur das erstere der Fall sein.

Die Art, wie sich unter starker Bevormundung des Staates und der Stadt das Gewerbe in Pforzheim dennoch kräftig und selbstbewufst entwickelte, bildet fast das bemerkenswerteste Stück seiner Geschichte bis zum dreifsigjährigen Krieg; denn im übrigen verlief diese unter dem Schutze mildgesinnter Fürsten friedlich in den Bahnen, die durch die Verfassung vorgezeichnet waren.

Das erste Gewerbe in Pforzheim, welches von dem Markgrafen eine besondere Ordnung im Jahre 1501 empfing, war das älteste und zugleich wichtigste der Stadt: die Flöfserei. Hier kann aber der Markgraf nur bereits bestehende Zustände bestätigt haben; bei seinen sonst bewährten Grundsätzen würde er nie eine festgeschlossene Innung zuerst eingerichtet haben. Der Holzhandel war bisher für die Markgrafschaft Baden fast der wichtigste Erwerbszweig gewesen, jedenfalls der einzige, durch den sie im Auslande mächtig vertreten war. Durch den Besitz von Pforzheim, durch das Teileigentum an der Grafschaft Eberstein hatten die Markgrafen die wichtigsten Gebiete des Schwarzwälder Holzhandels in ihrer Hand. Eine völlig einheitliche Ordnung war aber bei der grofsen Verschiedenheit der Verhältnisse nicht möglich. Im Murgthal safsen die Schiffer als reiche Bauern in den Dörfern von Rothenfels bis Forbach, sie selber Wald- und Sägemühlenbesitzer, Schiffer und Händler. Auch als, wesentlich infolge der Ordnung, die sie von Markgraf Christoph erhalten hatten, sich das genossenschaftliche Band zwischen ihnen stärkte, handelte es sich doch fortwährend um Grofsbetriebe, und am Ende des Jahrhunderts war ein begabter Grofshändler, Jakob Kast von Hördten, zum Alleinherrscher geworden, alle übrigen nur zu seinen Lieferanten.

In Pforzheim dagegen safs eine eng geschlossene Genossenschaft in der Stadt selber zusammengedrängt, Leute, die auf ihren Arbeitslohn und Handelsgewinn angewiesen waren, die nur zum geringsten Teile ihr Holz aus den Waldungen der Herrschaft und der Stadt erhalten konnten, vielmehr das meiste aus dem Württembergischen ankaufen mufsten. Es ist nur natürlich, dafs sie sich soviel als möglich als Korporation abschlossen, dafs sie sich bald mit dem exklusiven Geist einer Zunft erfüllten. Hier war dem Schiffer verboten, selber oder durch Knechte in seinem Lohn und Brot im Walde Holz fällen oder zur Einbindestelle führen zu lassen; er war auf seinen eigentlichen Beruf beschränkt. Dafür aber war das Schifferrecht erblich; war es auf unmündige Kinder gefallen, so wurde ihnen doch die Berechtigung aufbehalten, und statt des jährlichen Betrages in die genossenschaftliche Kasse gaben sie jährlich „zur Handhabung und Kenntnis ihrer Erbgerechtigkeit" einen Schilling. War aber der Knabe auch nur 10 Jahre alt, so wurde das Geschäft alsbald für ihn getrieben. Zwar war es nicht ausgeschlossen, dafs auch neue Mitglieder eintraten, und im Jahre 1501 war sogar der Abschlufs auf Pforzheimer Bürger noch nicht rechtsgültig, aber die Fremden hatten dauernd doppelte Beiträge zu zahlen.

Vor allem war man eifrig darauf bedacht, eine völlige Gleichheit zwischen den Mitgliedern der Schifferschaft zu erhalten und jeder drohenden Möglichkeit eines kapitalistischen Betriebes vorzubeugen. Kein Schiffer, ob reich ob arm, durfte bei Strafe der Konfiskation im Jahre mehr als 5000 Stück Holz oder Borde vom Walde bestellen oder verführen. Jedes Zusammenhalten, jedes Compagniegeschäft war verboten, um nicht vereinigte Kräfte stärker als vereinzelte werden zu lassen. Dagegen wenn ein Schiffer durch Hochwasser oder andre Not gedrängt war, dann durfte ihm der Kamerad den Beistand, die Überlassung seiner Arbeitskräfte nicht abschlagen. Wenn fremde Händler zum Ankauf nach Pforzheim kamen, dann durfte kein einzelner mit ihnen in Unterhandlung treten, ihnen nachlaufen oder sich an sie henken, sondern der Amtmann und die Verordneten des Gewerbes kamen zuvor mit ihnen über den Preis überein und verlosten dann, immer mit Ausscheidung früherer Gewinner, die Lieferung. Diese Vorsichtsmaſsregeln wurden gekrönt durch die Bestimmung, daſs niemand für sich einen Kauf von mehr als 60 fl. abschlieſsen durfte. Was darüber war, muſste er alsbald einem andern Genossen überlassen.

Es waren das alles nur Schranken, die man dem Eigennutz setzen wollte; was nun aber wirklich erlaubt und Regel sein sollte, das hat man nicht bestimmen können. „Es soll auch hinfür geordnet werden, wie ein jeder Flöſser Holz und Borde kaufen soll, es sei an der Bindstatt oder im Wasser, desgleichen wie er auch an allen Märkten jede Gattung verkaufen soll", schloſs diese Ordnung, aber man ist nie zu der Regelung dieser Fragen, auf die im Murgthal unendlich viel Scharfsinn verwendet wurde, gelangt. Nur einige wenige Grundsätze hat man hierüber aufgestellt. Der Schiffer, der das Holz von Pforzheim die Enz und den Neckar herabführt, erkaufte es selber von den sogenannten Waldschiffern, die auch im engeren Sinne Flöſser genannt wurden. Er schloſs mit ihnen einen Jahrkauf ab, d. h. er zahlte sie erst am Schluſs des Jahres, wenn er selber wieder verkauft hatte, aus — eine Kreditfrist, die natürlich sehr im Interesse der städtischen Handwerker gegenüber dem bäuerlichen Lieferanten lag. Der einmal abgeschlossene Jahrkauf galt unverbrüchlich. Die Verarbeitung des Materials suchte man soviel als möglich für die Markgrafschaft zu behalten, und deshalb war verboten unterhalb Pforzheim an die Sägen zu verkaufen; nur Borde und Bauholz sollten dorthin verführt werden. Eigene Sägen besaſs die Pforzheimer Schifferschaft zum Unterschiede von der Gernsbacher nicht; auch hier verlieſs man sich auf die obrigkeitliche Begünstigung: „Die Amtleute sollten den Schiffern und Flöſsern vor allem bei den Sägern beholfen sein, damit ihnen ihre Sägeblöcke zum förderlichsten gesägt werden mögen." Nur Kaufmannsgut sollte eingebunden werden, aber die Schau wurde hier, wiederum im Gegensatze zu Gernsbach, keineswegs sehr streng genommen; auch 1501 hatte man sich noch nicht über einen bestimmten Model vereinigt.

Die Flöſszeit war von Ostern bis St. Gallentag festgestellt, „damit die Schiffer die heilige Zeit der Fasten und Ostern, auch zu Weihnachten, desto baſs mögen daheim bleiben und ihnen auf dem Wasser von Kälte und Winter kein Schade erwachse". Auch sollte hiervon keinerlei Dispens gelten.

Dergestalt ward der Schiffer überall in seinem Betriebe zurückgehalten, um Gleichheit zu erzielen. Und dabei waltete auch die weitere Absicht, keinen allzugroſsen Unterschied zwischen ihm und den Gesellen aufkommenzulassen. Beide waren in derselben Genossenschaft inbegriffen: der Schiffer durfte keinen fremden Knecht brauchen, der Knecht keinem fremden Meister dienen. Der Arbeitskontrakt sollte nur dann als fest gelten, wenn er in Pforzheim selber eingegangen war. Wenn der Schiffer den arbeitslosen Knecht im Niederland gedungen hatte zur neuen Fahrt, durfte jeder andre, der ihn eher brauchte, Einspruch erheben. Der Lohn war viel niedriger als bei den Murgflöfsern, die das rheinische Land zum Absatzgebiete hatten, und nur der Knecht auf den Bächen, nicht der auf dem Neckar, ward beköstigt. Am Ostermontag versammelten sich Meister und Knechte zur Begehung ihrer Jahrzeit; unter den Klängen des altüblichen, nicht eben durch Wohllaut ausgezeichneten Flöfsermarsches vollzogen sie ihren Umzug durch die Stadt; dann wurde für die nächste Woche, ehe die Schiffahrt begann, der Rügungstag verkündet. Auf diesem ward zuerst die Ordnung verlesen, dann wurden alle Vergehungen gegen dieselbe, die sich im vergangenen Jahre zugetragen, vorgebracht, untersucht und gebüfst; hierauf erfolgten die Anmeldungen für die neue Schiffahrtsperiode. Jeder einzelne erklärte, ob er während dieser als Schiffer oder als Knecht fahren wollte. Im ersten Falle durfte er keinen Knechtslohn nebenbei verdienen, im andern nicht selbständig kaufen und verkaufen. Alljährlich aber durfte er zwischen den Berufen, wie es ihm gut dünkte, wechseln. Zuletzt wurden aus der Mitte der Schifferschaft die vier Verordneten gewählt, die Aufsicht übten und die gemeinsamen Geschäfte besorgten. Zu ihnen trat als Fünfter der fürstliche Oberamtmann; denn die Flöfserzunft unterstand nicht den städtischen Behörden, sondern unmittelbar dem Markgrafen.

Die Folgezeit brachte doch schärfere Unterschiede zwischen Knecht und Meister mit sich. In einer Neuordnung von 1588[1] finden sich, offenbar um den häufigen Übergang zu erschweren, sehr hohe Einkaufsgelder für die eigentlichen Schiffer festgesetzt. Die Begünstigung der Verwandten war erst jetzt zu voller Blüte gediehen. Selbst unter den Meistersöhnen wird noch eine Klasse besonders bevorzugt: diejenigen, welche auch Meisterschwiegersöhne sind. Die Knechte sind abhängig geworden. Es wird als Regel angenommen, dafs sie ihren Herren verschuldet sind, die ihnen im Winter bereits das Geld auf die Sommerarbeit leihen. Dies Verhältnis wird in vollem Umfang anerkannt: ein verschuldeter Knecht darf keinem andern Meister schaffen, er habe sich denn zuvor mit dem alten vertragen und zwar nur mit Arbeit, nicht mit Geld. Auch sonst ist die Stellung der Knechte verschlechtert; so wird ihnen der kleine Nebenverdienst aberkannt, den sie bis-

---

[1] Eine frühere von 1555 ist verloren gegangen.

her durch den Transport von Waren auf den Flöfsen gehabt hatten.

Es sind vielerlei Veränderungen eingetreten; die meisten beschränkenden Bestimmungen sind gefallen, auch die Flöfszeit ist jetzt von Mittfasten bis Martini erstreckt; aber was an die Stelle getreten ist, bedeutet kaum einen Fortschritt zu freier Bewegung. Denn kein Schiffer darf jährlich mehr als drei Flöfse durch sich selbst oder andre herabschaffen und ein neues immer erst einbinden, wenn er das alte vollständig verkauft hat. Dabei ist es ihm verboten seine Knechte vorauszuschicken, um Bestellungen in Empfang zu nehmen, denn es soll keiner dem andern „fürlaufen oder dem Vordermann sein Gut verschlagen". So ward jede Konkurrenz auch jetzt gebrandmarkt, und nach wie vor das Holzgewerbe auf dem Standpunkte eines Kleinhandwerks zurückgehalten.

Eben deshalb waren alle Erschwerungen vergeblich, den Mitbewerb noch kleinerer Leute fernzuhalten. So lästig 20 fl. Einkaufsgeld auch waren, man hoffte, sie mit 3 Flöfsen doch wieder herauszubringen. Schon 1588 klagte man, dafs auch andre Handwerker nebenbei das Flöfsen trieben, und 1610 reichten die 25 Schiffer über diese Zustände eine bewegliche Bittschrift bei der Regierung ein: „Über 60 Genossen seien jetzt in der Gesellschaft des Flöfserhandwerks, und schon unter den 25 Schiffern seien die Mehrzahl ganz arme Gesellen. Nun aber begehrten fortwährend Waldflöfser und Knechte sich zu Schiffern und Meistern einzudrängen und den andern vorzulaufen, während sie doch solches nicht vermöchten, sondern sich nebst Weib und Kindern, auch noch andre mit sich, ins Verderben bringen. Die tägliche Erfahrung ergebe, dafs Meister wieder zu Knechten werden."

Der Rat wie der Amtmann befürworteten den Vorschlag, wiederum die Beitrittsgelder auf das Doppelte zu erhöhen, „zumal jene unerfahrenen und unehrlichen Schiffer der Stadt und ehrlichen Zunftgenossen bösen Namen machten". So geschah es auch: die beste Seite der alten Gewerbeordnung hatte man aufgegeben, um alle üblen mit wachsender Engherzigkeit zu verschlimmern.

In denselben Jahren wurden auch aus Gernsbach immer erneute Klagen laut; aber sie bezogen sich auf eine allzumächtige kapitalistische Entfaltung des Holzhandels. In Pforzheim konnte der gesamte Schiffereibetrieb keine 60 Familien kleiner Leute ernähren; in Gernsbach war Jakob Kast binnen zwei Jahrzehnten zu einem der reichsten Kaufleute Deutschlands geworden und zahlte den andern Schiffern gute Preise für ihr Holz. Hier vor allem hatte es sich gezeigt, dafs eine engherzige Genossenschaftsverfassung den Anforderungen des Verkehrs, wie sie schon das erste Jahrhundert der Neuzeit stellte, nicht mehr genügen konnte.

Eine solche Gefahr der Erstarrung drohte in jener Zeit fast allen Handwerken. Überall waren die alten Zünfte dahin entartet, im Gewerbebetrieb eine ausschliefsliche Domäne derer zu sehen, die zur Zeit im Besitze waren, ein nutzbares Eigentum, das sie auf ihre Nachkommen vererben und mit möglichst wenig neuen Wettbewerbern teilen wollten. Diese Gesinnung verbreitete sich aus den Reichsstädten nur zu leicht an solche Plätze, die wie Pforzheim kein eigentliches Zunftwesen besafsen, und früher oder später kamen dann doch einmal ausschliefslich juristisch gebildete Männer in die Verwaltung des Staates, die in der Herstellung der Schablone die Einrichtung eines normalen Zustandes erblickten und sie zum Staatsgesetz erhoben. So geschah es auch hier; immerhin aber haben solche Städte den freieren Zug des Gewerbelebens, den sie sich lange bewahrten, ihrer anfänglichen Richtung zu verdanken.

Ausgenommen hiervon waren von Anfang an die Nahrungsmittelgewerbe. Um die Konsumtion jedes einzelnen zu besteuern, konnte man sich weder auf seine Versicherung noch auf besondere Erhebungen verlassen, man mufste sie bei den Gewerbetreibenden, aus deren Händen sie der Privatmann empfing, zu treffen suchen. So kam man dazu, diese fast wie öffentliche Beamte zu behandeln, ihnen ihre Kunden zuzuweisen und diese zugleich mit ihnen der strengsten Beaufsichtigung zu unterwerfen.

Dem Zwecke der Steuerkontrolle diente schon die Ordnung des Kornmarktes. Die Bauern hatten es geliebt, in den Wirtshäusern zu verkaufen; sie wurden jetzt in das Kaufhaus und an die städtische Wage gewiesen. Hatte man ihnen anfangs noch erlaubt, geeichte Mafse selber mitzubringen, so bestimmte man bald, dafs alles Getreide beim Verkauf nur von den geschworenen Kornmesser gemessen werden sollte, der die Mengen sofort in sein Buch eintrug. Während der ersten Stunden des Marktes wurde das „Bännerlein" ausgesteckt; solange es wehte, mufste sich jeder an den gemeinen Schlag, d. h. an den für diesen Tag amtlich verkündeten Preis halten; erst wenn es eingezogen war, mochte man feilschen; aber kein Korn wurde gemessen, ehe nicht der bezahlte Preis angegeben war. Die Sorge, dafs jeder Bürger zum Kaufe gelange, sprach sich darin aus, dafs jeder, der gröfsere Mengen als sein Hausbedarf erforderte, kaufte, auf Begehren andere Bürger teilnehmen lassen mufste; auf alle Weise suchte man einen Zwischenhandel mit Getreide zu verhindern.

Noch war es allgemein üblich, dafs jeder Bürger seinen Getreidevorrat selber anschaffte und mahlen liefs. Die Regierung verfolgte die Absicht, die Müller ganz auf diese Thätigkeit zu beschränken. Aller eigene Ankauf war ihnen untersagt, eine Abweichung hiervon konnte nur mit Erlaubnis des Bürgermeisters, wenn sie sonst mit ihrer Abgabe an die Herrschaft im Rückstande geblieben wären, erfolgen. Sie durften nur mahlen, wenn der Mühlgast sein Wortzeichen, die Kontrollmarke, ihnen abgegeben hatte. Alle Bürger waren vom Kornschreiber, einem der wichtigsten Beamten der Stadt, in die Liste der Müller oder, wenn sie nicht selbst mahlen liefsen, in die der Bäcker eingetragen. Das Kundenbuch und das Müllerbuch mufsten miteinander stimmen. Nach ihrem Ausweis wurde wöchentlich die Accise erhoben.

Da war es nur natürlich, wenn nicht nur die Müller, sondern auch ihr Gesinde in Amtspflicht genommen und mit Eiden, die bis ins unglaubliche detailliert waren, beladen wurden. Der Müller war kein Gewerbtreibender mehr, sondern eine öffentliche Persönlichkeit. Man zog hieraus alle Folgerungen. Jene Bücher galten als öffentliche Urkunden. Erhob sich Zwiespalt darüber, „ob der Bürger fremd Mehl oder fremd Brod hätt gekauft", so wurde auf ihrer Grundlage obrigkeitlich entschieden. So hatte man zuerst die Bäcker an die einzelnen Müller verteilt und die Anordnung auch aufrechterhalten, als jene sich beschwerten: die Müller verliefsen sich nun auf ihr Anrecht. Bald nötigte man auch die übrige Gemeinde in diese kontraktlichen Verhältnisse, durch die die Steuererhebung freilich sehr erleichtert wurde.

Kaum minder streng als die Müller waren die Bäcker beaufsichtigt. Ihre erste Ordnung, die ihnen von der fürstlichen Kanzlei allein im Jahre 1506 gegeben worden war, verhängte rigorose Bestimmungen über sie. Unablässig wurde ihr Gebäck der amtlichen Schau unterworfen. Mit jedem Verstofs erhöhten sich die Bufsen; und wer sich sechsmal im Jahr der Rügung schuldig gemacht hatte, dem wurde das Handwerk gelegt. Erst nach vielen Klagen wurde diese harte Aufsicht etwas gemildert. Im Fruchtkauf unterlagen sie nach der unter städtischer Mitwirkung erlassenen Ordnung von 1511 manchen Einschränkungen zu Gunsten der Bürger; so durften sie nicht vor 12 Uhr kaufen und mufsten das Einstandsrecht derselben bis zur Hälfte des bereits erkauften Getreides dulden.

Merkwürdig, wie man auch hier nach Möglichkeit die Centralisation begünstigte. Nur ausnahmsweise, an Fremde und zur Nachtzeit, sollte der Bäcker in seinem Laden verkaufen, alles Austragen in die Häuser war verboten; für gewöhnlich sollte Brot nur in den Bänken unter den Hütten feilgeboten werden. Der Wunsch, eine möglichst grofse Gleichheit zu erzielen, so dafs der Verkauf eines jeden unter den Augen der anderen geschehe, keiner aus einer günstigeren Geschäftslage Vorteil ziehe, war auch hierbei mafsgebend. Übrigens waren die Bäcker wohlhabende Leute. Es ward als

Regel angenommen, daſs jeder von ihnen 12 Schweine nur von den Abfällen mästen könne und deshalb auch eine eigene Fleischbank innehabe. Man begünstigte von oben her diesen Zustand und billigte deshalb auch im Laufe der Zeit den Bäckern Einkaufs- und Lehrgelder zu. Die Kontrolle ließ sich ja gröſseren Handwerkern gegenüber viel leichter üben.

Dieselben Verhältnisse herrschten bei den Metzgern. Die gesundheitspolizeilichen Vorschriften waren von einer Peinlichkeit, wie sie sich kaum in der Gegenwart finden, und zu ihnen traten solche, die dem Publikum eine Bedienung garantieren sollten, wobei es jederzeit das Gewünschte zum öffentlich festgestellten Preis erhielt. Denn der Amtscharakter trat auch bei den Metzgern, wenngleich weniger stark als bei den Müllern, hervor: Wer am Ende der Fasten, zum Osterfeste schlachtete, der verpflichtete sich dadurch das ganze Jahr die Metzig mit frischem Fleisch zu versehen. Der wenig einträgliche Verkauf von Hammelfleisch ward jede Woche zwei Metzgern der Reihe nach überwiesen.

Sonst sind nächst den Flöſsern die Metzger zuerst in den Besitz einer eigentlichen Zunftverfassung gelangt. Schon aus einer Zeit, die nicht lange nach Christophs Tode liegt, scheint die Bestimmung zu stammen: „Das Handwerk mag bei 6 Pfennig Buſse wohl einander zusammen bieten lassen, ziemliche Ordnungen, die nicht wider die Gemeinde sind, zu machen."

Diese Abhängigkeit der drei wichtigsten Nahrungsmittelgewerbe begegnet uns auch sonst, wenngleich selten in solchem Maſse, in den alten Reichsstädten. Dort aber ist sie als Rest einer Zeit stehen geblieben, in der die Handwerker hofhörige Genossenschaften in strenger Dienstbarkeit unter Leitung eines ihnen vom Bischof oder Kloster gegebenen Vorstehers waren. In Pforzheim dagegen sehen wir sie absichtlich aus finanz- und socialpolitischen Gründen hergestellt. Bald galten diese Bestimmungen als Muster; wenige Jahre nach ihrer Einführung in Pforzheim sehen wir sie, nur wenig nach den dortigen Verhältnissen verändert, auch in Baden-Baden in Kraft treten.

Bei den Wirten dagegen begnügte man sich mit genauer Aufsicht über den Ausschank. Die Eicher und Versiegler gingen alle Wochen um, ihr Amt auszuüben. Kein Küfer durfte in nicht versiegelten Fässern Wein einlagern. Von der Stadt selber waren vier Weinverlader aufgestellt, an welche die Fremden gebunden waren. Die Einheimischen mochten daneben die gewöhnlichen Küfer brauchen.

In diesem Gewerbe waren von Anfang an zwei Klassen geschieden: die Herrenwirte und die Weinschenken, zu denen dann noch die Strauſswirte — Bürger, die gelegentlich ihren gekelterten Wein verschenkten — hinzutraten. Ihnen gegenüber stellte sich die Stadtverwaltung sehr verschieden. Die Weinschenken sollten dem Bürger zu leidlichem Preis seinen Abendtrunk liefern. Luxus und Grofsbetrieb sollten dabei ausgeschlossen werden. Darum mufsten sie ihren Wein und dessen Preis öffentlich ausrufen lassen, und durften nicht mehr als drei Weine, zwei weifse und einen roten, und zum Landwein nur einen fremden, rheinischen, Elsässer oder Ortenauer, feilbieten.

Die Herrenwirte dienten dem Fremdenverkehr, zumal dem des Adels, der zum Besuche des Hofes kam. Auch findet sich in den Schuldurkunden der Ritter weither aus der Umgegend schon seit dem 13. Jahrhundert die Bestimmung, dafs sie und die Bürgen sich bei mangelnder Zahlung in Pforzheim im öffentlichen Gasthaus bis zum Abtrag der Schuld stellen sollen, und bei dieser bequemen Art Schuldgefängnis legten sie sich keine Entbehrungen auf. Um diesen Ansprüchen zu genügen, liefs man die Herrenwirte von jenen lästigen Beschränkungen frei; und im Jahre 1541 ordnete man geradezu an: nur solche Bürger dürften Gastgeber sein, die zum mindesten zehn Pferde stellen und ihnen mit Futter, Stroh und Heu Versehung thun könnten.

Je mehr Pforzheim emporblühte, je mehr seine Selbstverwaltung sich festigte, um so eifriger suchte es sich in gewerblichen Dingen auf den Fufs älterer und gröfserer Städte zu setzen. Schon die Bäckerordnung von 1511 ist nicht mehr von der Kanzlei, sondern von Schultheifs, Gericht und Rat gegeben; seitdem sind dies, die Flöfserordnungen ausgenommen, auch die aller übrigen Gewerbe. Vor den Rat kommen auch alle Streitigkeiten der Handwerker, und nur die wichtigsten Entscheidungen bedurften Bestätigung durch die Regierung. Dem Rat aber mufste entschieden daran gelegen sein, dafs in Pforzheim dieselben Zustände galten wie in Strafsburg, in Heilbronn, in Efslingen. Denn immer schärfer wurde der Argwohn der alten Zünfte gegen den Handwerksgesellen aus unzünftigen Orten. Diese seine Herkunft genügte, um ihn als unehrlich zu brandmarken, ihm die Förderung zu versagen, ihn von einem Orte zum anderen zu jagen.

So wurden denn trotz der entgegenstehenden Bestimmungen der Landesordnung von den Bäckern und Metzgern an auch alle übrigen Handwerke als Zünfte eingerichtet. Die geistlichen Brüderschaften, die sie bereits besafsen, dienten als Anhaltepunkte. Schon in der Mitte des 16. Jahrhunderts war es in dieser Beziehung in Pforzheim ebenso bestellt wie anderwärts, und Zunftstatuten, wie etwa die der Küfer, können als Beispiele der äufsersten Engherzigkeit gelten. Von jener Zeit an verlor auch der Widerstand der Regierung gegen Zünfte an Stärke; der Vorgang von Pforzheim zog andere Orte nach sich; und in der Landesordnung, die nach langen sorgfältigen Vorbereitungen Markgraf Georg Friedrich kurz vor seiner Vertreibung gab, ward das Zunftwesen ohne alle Einschränkungen zur Staatsinstitution erklärt.

Von allen Gewerben hatte nur eins, dessen Emporbringung Christoph besonders am Herzen gelegen hatte, eine Geschichte, in der sich die Gegensätze befehdeten und die deshalb minder einförmig verlief: die Tuchmacherei[1].

Bereits im Jahre 1486 legten die Tuchmacher von Pforzheim und Ettlingen Markgraf Christoph den Entwurf einer allgemeinen Landesordnung ihres Gewerbes vor, der nach eingehender Beratung und vielfacher Erweiterung Gesetz wurde. Es ist die erste landespolizeiliche Regelung eines grofsen Gewerbes, die in Deutschland erfolgte, und für uns heute eine Hauptquelle unserer Kenntnis der Technik und der Zustände dieses Gewerbes, welches in jener Zeit weitaus die erste Stelle einnahm. Christoph selbst spricht als Ziel aus: den inneren Markt von der Herrschaft der fremden Tuche und der Frankfurter Messe zu befreien; aber er sucht es nur durch bessere Anordnungen, nicht durch Erschwerungen des Verkehres, zu erreichen. Sein Wunsch war auch hierbei das Gewerbe in den Städten zu konzentrieren; denn nur dadurch war eine Hebung der Qualität und eine leichte Anpassung an die Bedürfnisse des Verkehres gewährleistet; aber er raubte den Dorfhandwerkern nicht die Möglichkeit, für den Bedarf der Umgegend zu sorgen. Er ordnete die strengste Schau an, damit in dem Grofshandel badische Ware einen guten Namen behalte, aber er hinderte nicht die Verwertung geringerer Sorten an Ort und Stelle; er läfst jedem Privatmann das Gewerbe zu, aber er sucht der Spekulation von blofsen Kaufleuten vorzubeugen; er sucht gleichzeitig für die selbständigen Meister, für die von ihnen beschäftigten Gesellen und für die Hausarbeiter zu sorgen; er richtet eine Genossenschaft ein, aber er giebt ihr keine jener Rechte, die sie zur Unduldsamkeit und zu eigennütziger Abschliefsung hätten führen können. Er ebnet dem Handel alle Wege und trifft zugleich für jene Zeit wahrhaft musterhafte Anordnungen, um für das Rohmaterial, die Wolle, richtige Preise zu erzielen und der Abhängigkeit der Bauern von niederländischen Händlern ein Ende zu machen. So ist diese Gewerbegesetzgebung eines der interessantesten Dokumente einer nachsinnenden und wohlwollenden Volkswirtschaftspolitik aus der Zeit des Überganges vom Mittelalter zur Neuzeit zu nennen.

Die Erwartungen des Markgrafen wurden nicht getäuscht.

---

[1] Die eingehende Darstellung derselben mufs auf die Wirtschaftsgeschichte des Schwarzwaldes verschoben werden.

Dieselbe Zeit, die in den alten Hauptsitzen des Tuchgewerbes
dessen Niedergang sah, erlebte in Pforzheim den bedeutendsten Aufschwung. Zwar begehrten die Tuchmacher unablässig
gröfsere Berechtigungen gegenüber der Nachbarschaft, aber
auch ohne diese befanden sie sich in recht befriedigender
Lage. Ihr Absatz ging besonders nach Augsburg, damals
dem Mittelpunkt des internationalen Handels, und von da in
alle Welt.

Neben der eigentlichen Tuchmacherei kamen, nicht ohne
das Widerstreben der alten Handwerker, in selbständiger Stellung, lange jedem Zunftzwang widerstrebend, die Verfertiger
leichter Zeuge, der Sergen und Engelseite, empor. Sie waren
ganz und gar einerseits auf die ländlichen Hülfskräfte, andererseits auf den Absatz im Ausland angewiesen. In Pforzheim selber wurden nur feinere Sorten hergestellt, namentlich
aber die rohen Zeuge gefärbt und appretiert. So ist zwar
nicht ganz in Christophs Sinne, aber in konsequenter Fort-
entwicklung der von ihm gelegten Grundlagen noch vor dem
dreifsigjährigen Kriege hier diejenige Form der Industrie entstanden, die während der nächsten Jahrhunderte mafsgebend
blieb für die Landschaften am östlichen Abhange des Schwarzwaldes: die ländliche Zeugweberei, die von städtischen Firmen geleitet wird. Von Pforzheim ist sie ausgegangen; nach
dem Kriege hat sich Kalw ihrer dauernd bemeistert, und Pforzheim hat hier wie im Holzhandel sich lange vergeblich bemüht,
der württembergischen Schwesterstadt den Rang abzulaufen.

Hier erkennen wir einen Zusammenhang, der bis zur
Gegenwart reicht. Dagegen ist es nur ein Spiel des Zufalls,
wenn auch jene Industrie, die das moderne Pforzheim geschaffen, die Kunst der Goldarbeiterei, einstmals schon in den
Mauern des alten geblüht und mancherlei Fragen hervorgerufen hat, die denen der Gegenwart ähneln.

Im Jahre 1548 war von Reichs wegen für alle Silberwaren ein Feingewicht von 14 Lot verordnet worden. Die
Bestimmung lag im Interesse der Städte wie Augsburg, in
denen vor allem dieses edelste Kunstgewerbe blühte und die
viel von minderwertiger Konkurrenz zu leiden hatten. Erst
im Jahre 1562 ward auf Anregung des Herzogs Christoph
von Württemberg zwischen ihm und Baden ein Vertrag geschlossen, der die Durchführung der Reichsbestimmung in
den beiden Staaten sicherte. Die Goldschmiede in Pforzheim
hatten vergebens Gegenvorstellungen gemacht. Bei dieser
Gelegenheit wurde ihnen etwas überstürzt eine Ordnung gegeben, die durch viele ihrer Bestimmungen interessant, aber
keineswegs musterhaft zu nennen ist. Sie sollten durchaus
auf den Standpunkt eines Handwerks zurückgebracht werden.
Sie wurden auf einen Lehrling beschränkt; alle Fabrikation,
um an Händler zu verkaufen, ward ihnen untersagt; mit

Mühe erlangten sie das Zugeständnis, auch Waren, die sie nicht selber hergestellt, zu verkaufen. Selbst dieses wurde ihnen nur mit Rücksicht darauf gegeben, daſs sie oft genötigt waren, alte Silbergeräte, die noch wohl verkäuflich waren, anzunehmen. Am merkwürdigsten ist, daſs damals über die Reichsordnung hinausgehend auch ein Feingewicht für Gold, achtzehn Karat, in Pforzheim festgestellt wurde. Es ist in Deutschland der erste Versuch gewesen, ein solches einzuführen.

Wie blühend bisher das Gewerbe gewesen war, läſst sich daraus ersehen, daſs man zum Probieren und sonstiger Begutachtung der fertigen Ware nicht weniger als vier Schaumeister für nötig erachtete. Der dreiſsigjährige Krieg machte ihm, wie fast jeder andern Betriebsamkeit in Pforzheim, ein jähes Ende.

So sehen wir an dieser Gewerbegeschichte das Bild der allgemeinen deutschen Kulturgeschichte in dem denkwürdigen 16. Jahrhundert gespiegelt: ein staunenswerter Aufschwung aller Kräfte im Beginne desselben, eine Fähigkeit zu Organisationen, wie sie keine frühere Zeit besessen hatte; und dann ein allmähliches Versiegen dieser Kraft, bei äuſserlichem Wohlstand eine schrittweis fortschreitende Erstarrung, eine Wirtschaftspolitik, die ohne eigene Ideen nur kopiert, was allerwärts als Regel gilt. Eins aber war in dieser Zeit für immer festgestellt worden: Pforzheim hatte den Charakter einer Gewerbestadt endgültig erhalten; weder ein Groſsgrundbesitzerstand, ein Patriciat, noch eine Hofhaltung waren fortan hier die maſsgebenden Elemente, sondern ein gewerbtreibender Bürgerstand.

Während sich das gewerbliche Leben in Pforzheim so reich entfaltete, erlangte zugleich das geistige, gerade während der bedeutungsvollsten Jahre des 16. Jahrhunderts, einen mächtigen Aufschwung. Zwar von den Leistungen der zahlreichen Geistlichkeit, die während des Mittelalters hier vereinigt war, wissen wir nichts zu berichten. Pforzheim besaſs ein eigenes Stift mit Kapitel; um es einzurichten, waren von den Markgrafen eine Menge von Einzelpfründen hier zusammengezogen worden, aber kein Hinweis ist überliefert, daſs diese fürstliche Stiftung irgend welchen Bildungszwecken gedient habe: sie war ein Gegenstand des Prunkes. Die Schule, welche den Namen Pforzheims in der Geschichte der deutschen Bildung verewigt, ist eine städtische Anstalt gewesen. Ein glücklicher Zufall hat ihre Ordnung erhalten, die gerade in die Zeiten fällt, als aus ihr ein Reuchlin hervorging[1].

Als nach Erlaſs der Stadtverfassung alle Ämter ihre Ordnungen empfingen, erhielt auch der Schulmeister die seinige.

---

[1] Siehe die Beilage.

Zwischen der Stadt und dem Schulmeister bestand ein Kontrakt, jener war der eigentliche Unternehmer; diese stellte nur die Bedingungen, die in ihrem Interesse lagen, behielt sich die Aufsicht vor und überliefs das Übrige dem sachkundigen Manne selber. Zu Neujahr mufste der Schulmeister den neuen Rat um die Schule bitten, seinen Kontrakt erneuern; und bei dieser Gelegenheit wurde ihm die Abstellung aller Mängel, die sich im verflossenen Jahre bemerklich gemacht hatten, auferlegt. Der Rat stellte ihm nur das Gebäude und kam für die gröfseren Umbauten auf; Öfen und Fenster zu besorgen, war seine eigene Sache, und er durfte hierfür keinen besonderen Beitrag von den Schülern erheben. Im übrigen ist von einer Besoldung nicht die Rede; er mufs sich und seine Helfer von den eingehenden Schulgeldern der Stadtkinder und Fremden erhalten. So war er auch in der Annahme seiner Unterlehrer nicht gebunden. Regelmäfsig hatte er einen Kantor und verschiedene „Laureaten", ältere Studenten, die den ersten Universitätsgrad erworben hatten. Einem jeden von diesen war als „Provisor" eine Anzahl Schüler überwiesen, und sie erhielten von den ihnen Anbefohlenen eine geringe Zahlung neben dem Schulgelde. Der Schulmeister mufste darauf achten, dafs die Schüler von ihnen über diese festgesetzte Belohnung nicht beschwert würden, aufser wenn sie ihnen Privatstunden gäben. Zu solchen sollte ihnen aber der Schulmeister treulich helfen, dafs sie nicht unnütz die Zeit verzehrten. Peinlich genau waren die Beiträge bis ins kleinste geordnet, die der Einheimischen und der Fremden, der Wohlhabenden und der Armen. Die Ärmsten sollen wenigstens zu Ostern dem Schulmeister fünfzig Stück Eier oder zehn Pfennige geben. Alle aber mufsten der Reihe nach im Winter ein Licht zur Frühschule mitbringen und jeder täglich ein Scheit Holz, wenn sie diese Verpflichtung nicht abkauften.

Man rechnete auf einen grofsen Zulauf der Fremden, jener fahrenden Schüler, die in dieser Zeit, gelockt vom Rufe eines Lehrers oder einer Stadt, unruhig von einer Schule zur andern wanderten und sich von eigentlichen Universitätsstudenten nur wenig unterschieden. Der Rat behandelte sie fast wie erwachsene Leute, suchte aber zugleich nach Garantieen für ihr Verhalten; denn in die stille Stadt brachten sie ein tumultuarisches Element. Jeder, der vierzehn Jahre überschritten, sollte deshalb in die Hand des Schulmeisters dem Markgrafen und der Stadt Treue geloben, den Lehrern Gehorsam versprechen und für alle seine Verpflichtungen die Pforzheimer Gerichte als zuständig anerkennen. In Pestzeiten solle man keinen Schüler aufnehmen, der von Orten, wo die Epidemie herrschte, komme — eine Bestimmung, die kaum aufrechtzuerhalten war, denn nichts war gewöhnlicher, als dafs in den Städten, die von einer Epidemie heimgesucht wurden, sich sofort die Schule auflöste und die Schüler sich nach allen Weltgegenden zerstreuten. Einstweilen war man, solange die Schule in die Höhe kommen sollte, mit der Aufnahme nicht sehr wählerisch, später aber sollten die „Landschrecken, die nur am Bettel hangen" nicht mehr angenommen oder doch bald wieder geurlaubt werden. Gänzlich untersagen konnte man angesichts der Dürftigkeit der Mehrzahl das Betteln nicht; man suchte es nur soweit einzuschränken, dafs man die Armen in Gruppen einteilte und ihnen vorschrieb, wieviel sie jeweils sammeln dürften.

Diese älteren fremden Schüler wohnten mit den ihnen noch nahestehenden Laureaten zusammen, gleich Studenten in Kursen vereinigt; und diese Versammlungsorte unter guter Aufsicht zu halten, war eine der wichtigsten Obliegenheiten des Schulmeisters. Bei Tag und Nacht sollte er sie visitieren und Achtung auf Leben und Wesen, wie es darinnen getrieben würde, haben. Kirchenbesuch, ordentliche Aufführung auf der Strafse und zu Haus, gebührende Ehrfurcht vor einem jeden, je nach seinem Stande, hatte er ihnen einzuschärfen. Noch betrachtete man den Schüler ganz als angehenden Kleriker; darum ward ihm auch verboten, sich den Laien mit weltlichen ungebührlichen Händeln zu untermischen, an Tänzen sich zu beteiligen, nachts auf den Strafsen zu hofieren oder andere Ungebühr zu treiben, namentlich auch keine Spiele zu thun, damit auch die jungen Schüler desto weniger Arges von ihnen erlernen möchten. — Es bleibe dahingestellt, wie weit man einer vagierenden Schülerschaft mit solchen Vorschriften Zaum und Zügel anlegen konnte.

Es sind Verhältnisse, zugleich dürftig und nach unseren Begriffen regellos, die uns da entgegentreten, erstreckt sich doch die gesamte Ordnung nur auf äufserliche Dinge. Aber eben hierin besteht auch ihr Vorzug: sie läfst dem Schulmeister freie Hand darin, wie er den Inhalt seiner Lehre gestalten will; sie läfst ihn auf eigene Verantwortlichkeit handeln, sie rechnet darauf, dafs er es verstehen wird, sich auch nach aufsen geltend zu machen. Unter diesen Bedingungen erwuchs die Pforzheimer Schule zu einer der ersten und bedeutendsten Humanistenschulen überhaupt. Der Mann aber, an dem sie emporwuchs, der ihr, obwohl nur gelegentlich in seiner Vaterstadt anwesend, ihren geistigen Gehalt verlieh, ist der gröfste Sohn Pforzheims: Johann Reuchlin.

Seine Gestalt gehört der allgemeinen Kulturgeschichte an; hier aber kann nur berührt werden, welche Beziehungen er zu seiner nächsten Heimat, zu seiner Vaterstadt bewahrte[1]. Reuchlin war 1455 in Pforzheim als der Sohn des Schaffners am Dominikanerkloster geboren. Wie er eine durch und durch pietätvolle Natur war, die nur zaghaft und nur, wo es die klar erkannte entgegenstehende Wahrheit verlangte, sich vom Alten trennte, so hat er um dieser früheren Stellung seines Vaters willen den Dominikanern stets unentgeltlich seinen Rechtsbeistand gewährt, bis gerade sie gegen ihn den Verketzerungssturm erhoben, der zum ersten grofsen Sieg der Denkfreiheit in Deutschland führen sollte.

In Pforzheim hat er die ersten Anfänge seiner Bildung empfangen, die soweit ausreichten, dafs er in jugendlichen Jahren die Universität Freiburg beziehen konnte. Damals schon fiel das Auge seines Landesherrn, Markgraf Karls I, auf ihn und er ward von ihm seinem jüngeren, zum geistlichen Stande bestimmten Sohne als Begleiter nach Paris mitgegeben. Dort ward er der begeisterte Schüler des bedeutendsten Lehrers, den die Mutter der Hochschulen zählte, des Johann Heynlin von Stein, den er dann wiederum in Basel aufgesucht hat. Es war der Mann, welcher die Scholastik, die Philosophie des Mittelalters, in einer Weise zu läutern unternahm, dafs sie mit den Anforderungen an eine reinere, von aller Spitzfindigkeit freie Form, wie sie das neue Jahrhundert stellte, besser übereinstimmte. Wenn wir nun bald darauf Johann von Stein, der der Pariser Intriguen überdrüssig geworden war und stets einen Hang zu stillerer Thätigkeit, wie er ihn auf seinen Schüler übertrug, besafs, in Baden als Kapitular des dortigen Stiftes und Seelsorger der Nonnen von Lichtenthal treffen, so ist es wahrscheinlich der Einflufs des jungen Markgrafen und seines Begleiters gewesen, der ihn diesen ungleichen Tausch eingehen liefs. Freilich fand er in Baden nicht, was er suchte. Dem an Selbständigkeit und fruchtbare Thätigkeit gewöhnten Gelehrten waren die Anforderungen, welche seine im engen Kreise des täglichen Chordienstes befangenen Kollegen an ihn stellten, unerträglich, und bald suchte er zugleich mit seinen Bücherschätzen wiederum eine Universität auf[2].

---

[1] Mit besonderer Liebe ist das Andenken Reuchlins stets in Pforzheim gepflegt worden. Schon der erste, der es versuchte, auf wissenschaftlicher Grundlage seine Biographie zu geben, Joh. Mai, war ein Pforzheimer. Zu seiner vierhundertjährigen Geburtsfeier 1855 schrieb dann Lamey ein Programm der Bürgerschule, das der neueste ausgezeichnete Biograph Reuchlins, Ludwig Geiger, in seiner abschliefsenden Untersuchung „das Anmutigste, was über Reuchlin geschrieben" nennt.

[2] Diese Episode im Leben des merkwürdigen Mannes hat bisher kaum Beachtung gefunden. Sie wird durch mehrere Urkunden des Generallandesarchivs klargestellt.

Auch Reuchlin, als er nach achtjährigen Studien als fertiger Jurist und zugleich als ein Mann, der eine umfassendere gelehrte Bildung besaſs als irgend einer seiner deutschen Zeitgenossen, zurückkehrte, wandte der badischen Heimat den Rücken. Er fand in der Nachbarschaft, in Stuttgart, am Hofe des trefflichsten Fürsten jener Tage, des Grafen Eberhard im Barte, eine bedeutende Wirksamkeit und volles Verständnis. Aber gehört auch sein weiteres Leben mit kurzen Unterbrechungen, die ihn als Professor nach Heidelberg und Ingolstadt führten, Württemberg an, so blieb er im Herzen doch stets ein Sohn seiner Vaterstadt. Nie hat er seinen Namen anders unterzeichnet als Johannes Reuchlin Phorcensis, und sein geistiges Wirken teilte er getreu zwischen der alten und der neuen Heimat. Nach Pforzheim hat er den Schauplatz der Gespräche verlegt, aus denen sein bedeutendstes philosophisches Buch „Über das wunderbare Wort" besteht, ein merkwürdiger Versuch, die Mystik des Mittelalters und des Orients mit der neuen Wortphilologie zu verbinden. Anmutig weiſs er in der Einleitung die Stadt und die Begabung ihrer Bewohner zu rühmen und komponiert mit behender Phantasie eine Sagengeschichte, wie Phorcys, ein flüchtiger Trojaner, den Ort gegründet und nach sich benannt habe, als er von dem Gleichklang des Namens der Enz mit dem seines alten Führers Äneas überrascht war.

Reuchlins Wohnsitz lag die Universität Tübingen, die Lieblingsschöpfung Eberhards, nahe; aber erst in seinem letzten Lebensjahre hat er an ihr als Lehrer gewirkt. Sein Einfluſs auf die dortigen Professoren war groſs; aber demungeachtet waren die Universitäten einstweilen noch die Sitze der alten Scholastik und kaum zu einigen Zugeständnissen bereit; die eigentliche Pflegstätte der humanistischen, auf der geläuterten Kenntnis des Altertums beruhenden Bildung waren die Mittelschulen.

Da ist es die Pforzheimer Schule, die Reuchlin fortwährend als sein eigenes Kind betrachtete, an der er, so oft er konnte, wirkte, in der er seine Ideen verkörperte. Noch zeigt man in Pforzheim an der Michaelskirche den Kapitelsaal, wo er seine Vorlesungen hielt, wenn er seine Freunde besuchte. Frühzeitig, als sein Name in weiteren Kreisen noch wenig bekannt war, rühmen sich eine Reihe von Pforzheimern als seine Schüler, darunter der Kanzler des Markgrafen, Georg Frei, der sich vor ihm ehrfurchtsvoll glaubt entschuldigen zu müssen, weil er neben den Studien und dem Kirchendienst das weltliche Amt übernommen hat.

Sein begeistertster Schüler aber war der Schulrektor Georg Simler selber. Seine ganze Thätigkeit weihte er dem Ziele, Reuchlin zu kommentieren, seine Schriften für den

Schulgebrauch zurechtzumachen. Reuchlin hatte einst in Heidelberg ein lateinisches Lustspiel, Sergius, geschrieben, voll scharfer Verspottung der Geschmacklosigkeit des Reliquiendienstes, zugleich eine persönliche Satire gegen einen unwürdigen Günstling Herzog Eberhard des Jüngeren, vor dem er aus Württemberg hatte weichen müssen. Aber in Heidelberg war man zu vorsichtig gewesen, es auf die Bühne zu bringen; in Pforzheim bereitete Simler Reuchlin die Überraschung, es ihm von seinen Schülern vorführen zu lassen. So ist hier zum erstenmal in Deutschland ein Stück über die Bretter gegangen, das der Zeit einen Spiegel vorhielt, das tief einschnitt in ihre brennenden Fragen.

Damals geht die noch neue Kunst des Buchdrucks Hand in Hand mit der Ausbreitung der neuen klassischen Bildung. Die Schulmeister und die Buchdrucker sind ihre eifrigsten Vertreter und Verbreiter. Reuchlin hat seine bedeutendsten, epochemachenden Werke wiederum in Pforzheim verlegt und gedruckt. Jahrhundertelang hat dann Pforzheim keine Druckerei besessen; in jener ersten bedeutenden Epoche des deutschen Buchhandels hat es eine um so gröfsere Rolle gespielt. Unter allem, was Reuchlin geleistet, ist die Belebung des Studiums der hebräischen Sprache das Wichtigste. Hierdurch hat er am meisten der Reformation, die auf die ursprünglichen Quellen zurückging, vorgearbeitet. Das grundlegende Werk, die hebräische Grammatik, der erste hebräische Druck überhaupt, ist in Pforzheim bei Thomas Anshelm erschienen — ein Werk dauernder als Erz, wie Reuchlin mit Recht sich rühmte. Es war auch ein buchhändlerisches Wagnis, an dem der mittellose Verleger in der Kleinstadt schwer zu tragen hatte.

Gerade aus dem Eifer, mit dem sich Reuchlin der hebräischen Studien annahm, erwuchs für ihn der grofse Streit mit den Ketzerrichtern, in dem sein Name, seine Sache zum Mittelpunkt der geistigen Interessen der Nation auf Jahre hinaus wurde. Er hatte sich mit seiner gewöhnlichen Besonnenheit, nicht einmal von freien Stücken sondern um ein Gutachten aufgefordert, der jüdischen Litteratur angenommen, die ein fanatischer Übergetretener, Pfefferkorn, mit Hülfe von Kaiser und Reich vernichten wollte. Es war das Grund genug gewesen, um die dominikanische Inquisition, die bisher noch immer Siegerin geblieben war, gegen ihn aufzubringen. Reuchlin suchte nachzugeben bis zur Grenze seiner wissenschaftlichen und moralischen Überzeugung. Darüber hinaus konnte er nicht. In dem Kampfe, den er dann rücksichtslos durchführte, konnte er mit Stolz sehen, wie alle hervorragenden Männer Deutschlands ihm zur Seite traten. Von unberechenbarer Bedeutung für das deutsche Geistesleben ist dieser erste Kampf um das Recht der freien Forschung und der persönlichen Überzeugung geworden. Die Siegeszuversicht, mit der er geführt wurde, hat sich auf alle späteren übertragen. Man kann sagen, es war das fröhliche Vorpostengefecht vor der schweren Schlacht der Reformation.

In Pforzheim nahm man natürlich regen Anteil an diesem Streit des grofsen Mitbürgers. Die Sammlungen von Briefen der Freunde Reuchlins in denen die überwältigende Macht der öffentlichen Meinung vor allem zur Geltung kam, sind wiederum bei Anshelm erschienen. Zu diesen „Briefen berühmter Männer" schrieben dann die geistvollsten unter den jüngeren Parteigenossen Reuchlins, Crotus und Hutten, als scherzhaftes Gegenstück die berühmte Satire „Briefe der dunkeln Männer" (epistolae obscurorum virorum), in denen die mönchischen Gegner mit ihrem tölpischen Latein, ihrer brutalen Unwissenheit und behaglichen Selbstzufriedenheit dem Spotte preisgegeben werden.

Diese Briefe führen uns mitten auf den Kampfplatz; zugleich aber stimmte Hutten in wahrhaft antiker Weise auch den Siegesgesang, den Päan, an, in dem schönsten und erhabensten Gedichte, das er, das die ganze neulateinische Dichtung geschaffen hat, in dem „Triumph Reuchlins". Für den siegreich heimkehrenden römischen Feldherrn hatte die höchste Anerkennung im Triumph, in dem festlichen Einzug an der Spitze seines Heeres, in der Begrüfsung und Beglückwünschung durch den Senat bestanden. Es ist eine schöne Idee Huttens, dem Sieger in dem ersten nationalen Geisteskampf in gleicher Weise den Lorbeer zu reichen. Reuchlin wird hier dargestellt, wie er einherfährt auf dem Triumphwagen, gefolgt von allen seinen Mitstreitern — das Gedicht ist eine wahre Musterung der Träger der Wissenschaft und Litteratur —, während die überwundenen Gegner, dem Spott und der Rache preisgegeben, im Zuge mitgeschleppt werden. Die Stadt aber, in die er einzieht, ist Pforzheim, seine Mitbürger sind es, die ihn an dem Thore begrüfsen, von dem Ruhme des Sohnes fällt der Glanz auf die Vaterstadt. Indem sie ihm aber diesen Einzug bereitet, thut sie nur, was ganz Deutschland gebührt, und an dieses, das sich nun erst selbst erkennt, richtet der wiederkehrende Refrain des Triumphliedes die Aufforderung, einzustimmen in den Jubelruf. Der Dichter hatte aber hiermit die tiefste Seite von Reuchlins Wesen berührt, der beständig thätig für die deutsche Gesamtkultur sich doch immer am liebsten als Sohn der engsten Heimat bekannte und ihr, soviel er vermochte, von seinem Schaffen zu gute kommen liefs.

Nach der Weise jener Zeit ward das Gedicht von einem grofsen erklärenden Holzschnitt begleitet, der durch die Mischung antiker Idealisierung und derb realistischer Komik höchst charakteristisch ist, die eine vertreten in der Gestalt und Umgebung des Triumphators, die andere in den karikierten Figuren der Gegner und in der Pforzheimer Strafsenjugend, die sich zugleich mit den Bütteln an ihre Bestrafung macht[1].

Häufiger noch als sonst hielt sich Reuchlin während jener Jahre in Pforzheim auf. Damals liefs er hier den Knaben ausbilden, auf den er alle seine Bestrebungen und seine Kenntnisse übertrug, Philipp Melanchthon, seinen Grofsneffen. Aus der Pforzheimer Schule ist der Mann hervorgegangen, dem schon die Zeitgenossen den Ehrennamen des „Lehrers Deutschlands" gaben, der die Grundlagen des gesamten deutschen Schulwesens in allen seinen Formen gelegt hat. Was diese Thätigkeit anlangt, ist Melanchthon immer der Testamentsvollstrecker Reuchlins gewesen; was ihn aber über den Kreis derselben hinausführte und zum Mitstreiter Luthers machte, blieb dem alten Oheim unverständlich und peinlich. Als Reuchlin 1522 in unmittelbarer Nähe der Heimat, im Bad zu Liebenzell starb, war fast eine Entfremdung zwischen den beiden eingetreten, deren Verhältnis einst das schönste Beispiel der innigen Freundschaft zwischen Lehrer und Schüler gewesen war. Das ist das gewöhnliche Schicksal derer, die die Vorläufer und wider Willen die Bahnbrecher einer grofsen Bewegung gewesen sind, dafs sie, wenn jene selbst erscheint, ihr fremd gegenüberstehen. Ihre eigene Überzeugung ist das Ergebnis langer, persönlicher Kämpfe und Auseinandersetzungen, sie besitzt volle Wahrheit für sie. Dann aber ist es ihnen auch nicht erspart, zu erleben, wie diejenigen, denen sie ihr Bestes mitgeteilt, neue Wege gehen, welche ihnen als falsch erscheinen müssen.

Bei Melanchthon aber ist, als die ersten stürmischen Jahre der Reformation vorbeigegangen waren und je mehr er später selber sich gegen die Ausschreitungen des theologischen Eifers wenden mufste, um so mehr auch das Bild Reuchlins lebendig geworden, und in seinem Alter hat er die Schuld der Dankbarkeit gegen den Grofsoheim und Lehrer abgestattet, indem er selber sein Leben beschrieb.

Während der kurzen Blütezeit der Pforzheimer Gelehrtenschule sind aus ihr eine Reihe tüchtiger, zum Teil bedeutender Männer hervorgegangen; es sei hier bemerkt, dafs auch einer von denen, die ihre Laufbahn in katholischen Ge-

---

[1] Ein vortreffliches Faksimile des seltenen Druckes ist jetzt in Geigers „Renaissance und Humanismus" (Onkensche Sammlung der allgemeinen Geschichte II 8) leicht zugänglich.

bieten machten, Werdtwein mit Namen, die Auhänglichkeit an die protestantisch gewordene Vaterstadt bewahrte und ihr einen Teil seines Vermögens zu Stipendien für begabte, aber arme junge Leute vermachte.

Die Reformation war hier, wo ihr durch den Humanismus so stark vorgearbeitet war, widerstandslos zum Siege gelangt. Ein Schüler Reuchlins aus der alten Pforzheimer Familie Ungerer, selber eine Zeit lang Vorsteher der Schule, hat um die Durchführung der Reformation in Baden-Durlach die bedeutendsten Verdienste. Von Anfang an hatte Markgraf Philipp eine vermittelnde Stellung zwischen den Religionsparteien eingenommen, ebenso wie er, eine versöhnende, echt Zähringische Natur gleich seinem Vater, durch seine über jeden Zweifel erhabene Billigkeit in seinem Lande und in dessen Nachbarschaft die Haufen der aufständischen Bauern zu besänftigen wufste. Aber schon unter ihm war sein Landesteil allmählich evangelisch geworden; unter seinem Bruder Ernst, der in Pforzheim seinen Sitz nahm, ward er es vollständig, obwohl auch jetzt noch der Markgraf sich nicht ausdrücklich der augsburgischen Konfession oder dem schmalkaldischen Bunde anschlofs. Nur im Jahre des Interims finden wir auch in Pforzheim noch einmal einen kurzen Rückschlag, der sich aber sehr auf der Oberfläche hielt. Im Stadtbuch ist damals eine Verordnung eingetragen worden, welche die Fasten und einige andere Gebote der katholischen Kirche einschärft.

Aus der Zeit Markgraf Ernsts besitzen wir zum Glück eine anmutige Schilderung Pforzheims in dem bedeutendsten Memoirenwerk des Reformationszeitalters, der Lebensbeschreibung des Stralsunder Bürgermeisters Bartholomäus Sastrow. Der kluge, rede- und federgewandte Mann war in seinen jungen Jahren, als Schreiber in den Kanzleien Deutschlands und Italiens oder als Diener angesehener Leute, weit umhergekommen. Er hat es aber nirgends stiller gefunden als in Pforzheim. Dem Kinde des Seestrandes ward es wohl enge in der Stadt, die er nach unserem Erachten etwas allzuromantisch schildert als gelegen zwischen überaus hohen Bergen, so mit Holzungen einer Wildnis nicht ungleich bewachsen; die Bedachtsamkeit und Sparsamkeit, wie sie hier herrschte, stach seltsam ab von dem lauten Wohlleben am pommerschen Hofe, und dafs es im Weinlande an der Hoftafel für den Schreiber nur einundeinhalb und für den Rat nur zwei Becher Wein geben sollte, wollte ihm nicht in den Kopf; aber er hätte nicht der tüchtige Bürger der alten Hansestadt sein müssen, wenn er nicht Achtung vor diesem schlichten, prunklosen, arbeitsreichen Leben hätte empfinden sollen. Pforzheim erscheint ihm als eine kleine Musterstadt: „sie hat viel gelehrter, bescheidener, freundlicher, wohlerzogener Leute und alles, was man zur Leibes Notdurft und Erhaltung zeitlichen Lebens in Gesundheit und Krankheit von nöten an Gelehrten, Ungelehrten, Apothekern, Balbierern, Wirtshäusern, allerlei Handwerkern nichts ausgenommen, in Predigten und Gesängen evangelischer Religion." In der Kanzlei war scharfer Dienst, ein siebzigjähriger mürrischer Doktor stand an der Spitze, der seinen Untergebenen keine Rasur und keinen Schreibfehler durchliefs; aber einem jeden ward, was ihm gebührte, pünktlich und zuverlässig geleistet.

So war der Geist, der vom Herrn auf die Diener überging; denn Markgraf Ernst lebte in den Augen seiner Unterthanen — Sastrow giebt überwiegend die volkstümlichen Züge seines Bildes — als das Muster eines Haus- und Landesvaters. In seinen Jugendjahren, vor und im Bauernkriege, erscheint er wohl als ein heftiger, nicht immer vorsichtiger Mann; jetzt im Alter war auch bei ihm der milde Gleichmut seines Vaters Christoph eingekehrt. Den ertappten Küchendieb etwa gab er nur dem Gelächter preis. In dem kleinen Ländchen konnte es nichts schaden, wenn das Auge des Herrn auf allem ruhte. Wie patriarchalisch mutet es uns an, wenn Sastrow erzählt: „Der Markgraf hatte sein Gemach über der Pforten des Hauses, dafs er alles sehen konnte, was auf- oder hinunterging. Einstmals nahm der Küchenmeister einen schönen grofsen Karpfen mit hinunter; der war so grofs, dafs der Schwanz unter dem Mantel auskukte. Der Markgraf rief ihn zurück: »Hörstu«, sagte er, »wenn du mehr ein Karpfen mir stehlen willst, so nimm entweder einen kleinern Fisch oder einen längern Mantel«."

Welche sittliche Tiefe aber dieses äufserlich enge Leben besafs, davon legt eine andere Erzählung Zeugnis ab: Jeden zum Tode verurteilten Verbrecher liefs der Markgraf selber vor sich kommen, um ihn vorzubereiten und zu trösten, „denn der Sohn Gottes hätte nicht um der Gerechten, sondern der Sünder, also auch um seinetwillen sein Blut mildiglich vergossen; daran sollte er nicht zweifeln. Damit gab er ihm die Hand und liefs ihn hinführen." Die religiössittliche Läuterung, welche die Idee der weltlichen Obrigkeit durch die Reformation erfahren hatte, tritt wohl selten so deutlich zu Tage wie in dieser Erzählung.

Das war das Pforzheim der Reformationszeit. Es ist ein anderes Leben als noch ein Menschenalter zuvor, damals als unter einer neuen Verfassung die Bürger rasch ihre Selbstverwaltung ausbauten, als die Tuchindustrie emporblühte, als die fahrenden Schüler Pforzheim zuzogen und der Rat die Lustbarkeit der Burschen nur schwach zu dämpfen vermochte, als epochemachende Schriften hier verlegt wurden und die satirische Zeitkomödie hier eine Stätte fand; — es war alles stiller, steifer und ernster geworden, es ist ein eintöniges, aber durchaus gediegenes Leben, das uns hier entgegentritt. Noch war eine Erstarrung nicht eingetreten, aber auch der Hauch eines freien Fortschrittes war ihm bereits abhanden gekommen.

II.

Auf die Höhe, welche das deutsche Bürgertum und die deutsche Kultur im 16. Jahrhundert erreicht hatten, folgte ein tiefer Fall. Das Pforzheim des 16. und das des 18. Jahrhunderts haben fast nur den Namen miteinander gemeinsam. Die Kluft, die ein Jahrhundert voll entsetzlicher Kriege gerissen, liefs sich nicht mehr überbrücken. Der Schatten der alten Zeit wandelte wohl noch unter den Menschen, unablässig suchten sie ihn zu beleben; aber es ist vergebliche Mühe, und unmerklich wächst eine neue Zeit mit neuen Ideen heran, die sich allein als lebensfähig erweisen.

Nicht das soll meine Aufgabe sein, zu schildern, welche Schrecken über diese Stadt dahingegangen. Nur wenige ihrer Schicksalsgenossen haben so Furchtbares erlitten wie Pforzheim. Die Gunst seiner Lage, ein Strafsenknotenpunkt zu sein, ward ihm zum Verhängnis in Zeiten, wo nur der Bauer, der weitab von allem Verkehr im Einzelgehöfte auf dem Gebirge hauste, sich leidlich behaupten konnte. Schier unüberschbar ist die Anzahl der Brände, Verwüstungen, Plünderungen, die Pforzheim im dreifsigjährigen Kriege und in den Kriegen Ludwigs XIV erlitten; und nur eins bleibt merkwürdig: wie trotz alledem der Rest dieser Bevölkerung mit äufserster Zähigkeit an der alten Heimat, an den von den Urvätern überkommenen Verhältnissen festhält. Nach den ärgsten Verwüstungen weifs er sich wohnlich einzurichten; und die nächsten Zerstörer finden wiederum Felder, um sie zu veröden, Menschen, um sie zu töten und wegzuschleppen. Selbst in die Zeiten, welche die politische Geschichte als Friedensjahre nennt, zieht sich der Kriegszustand noch lange hinein. Drei Jahre vergingen noch nach dem westfälischen Frieden, ehe in Pforzheim das schwedische Regiment abgedankt wurde, das hier in Garnison lag und Bürger und Bauern weidlich plagte, während Freischaren, streifende Parteien, wie man sie nannte, das Land beunruhigten. Nicht einmal vor diesen Räuberbanden half die militärische Besatzung. Unterdessen aber brachte trotz allem die Landschaft ihren Anteil an den 5 Millionen Thalern, mit denen das Reich seine Bedränger, die schwedischen Soldaten, abkaufen mufste, unverdrossen auf; sie gab noch gröfsere Kontribution, um auch die kaiserlichen Regimenter und die schlimmsten, die Franzosen und Lothringer, zu entlohnen und zahlte zu alledem doppelten Zehnten — die einzige in solcher Zerrüttung noch durchführbare Steuer —, um die Hofhaltung und Staatsverwaltung notdürftig wieder einzurichten. Wohl brachen die Pforzheimer unter solcher Last mitunter in den Schmerzensschrei aus: ihre Leistungsfähigkeit sei zu Ende und sie seien genötigt das Land zu räumen; aber sie blieben doch, und kaum waren sie einigermafsen in Ruhe, so begannen sie vom Jahre 1654 ab nach Möglichkeit alle Schulden abzuzahlen oder, günstig genug für die Gläubiger, mit 33 % wenigstens jene zu liquidieren, die vor dem dreifsigjährigen Kriege gemacht worden waren.

Schlimmer beinahe, wenn dies möglich ist, waren die Verwüstungen der Franzosenkriege — die Stadt niedergebrannt, die Einwohner verjagt, ihre Habe geplündert, selbst die Urkunden und Akten der Stadt im Hagenschiefs zerrissen und zerstreut —, aber wie man dort die alten Dokumente wieder gesammelt hat, so sammelten sich auch die Bürger, und trotz aller vorangegangenen Veränderungen ist die Einwohnerschaft im 18. Jahrhundert doch im wesentlichen die Nachkommenschaft derjenigen des sechzehnten.

Wie mufste in einer so schreckensvollen Zeit das Volk werden? Zäh und hartnäckig im Dulden, widerwillig und unfähig zum frischen Handeln; denn jeder Aufschwung des Geistes war gebrochen. Wer um das nackte Leben sorgen mufs, wer froh ist, von einem Tage zum andern zu existieren, für den giebt es den Begriff einer bedeutenden Thätigkeit nicht mehr, der ist froh, einiges Wenige zu retten und das festzuhalten, was ihm aus dem Schiffbruch geblieben ist. So ist der Charakter der Pforzheimer, so der Charakter des deutschen Bürgertums überhaupt im 17. und während der ersten Hälfte des 18. Jahrhunderts. Jenes stolze deutsche Bürgertum, wie wir es bisher kennen gelernt, scheint auf Nimmerwiedersehen verschwunden, und die Führung der Nation ist von ihm jetzt völlig übergegangen zu den Fürsten. In dieser trüben Zeit hat doch die Nation das Recht gehabt, sich seiner grofsen Führer zu freuen, vom Norden zum Süden, vom grofsen Kurfürsten bis zu unserm Markgrafen Ludwig Wilhelm, dem Türkensieger. Die Fürsten hatten in dem entsetzlichen Würfelspiel des Krieges ganz anders als früher gelernt, Verstand und Willen anzuspannen, Grofses zu wollen und zu wagen; sie hatten auch ihren Ideenkreis erweitert und geklärt. Es beginnt die Zeit des aufgeklärten Despotismus. Nur ein solcher konnte damals die Deutschen aus ihrer Lethargie aufrütteln, und über die Mifsbräuche, zu denen die alten Privilegien entartet waren, unbekümmert dem Vernünftigen zustreben.

Nur widerstrebend und langsam nachgebend fügte sich das Bürgertum dieser unbequemen Bevormundung; je kleiner die Verhältnisse, um so hartnäckiger auch die Unbotmäfsigkeit. So haben wir auch aus der Geschichte Pforzheims bis zur Mitte des 18. Jahrhunderts von nichts als dem Widerstand zu berichten, welchen die Bürger den willkürlichen, aber notwendigen Eingriffen des Markgrafen Karl Wilhelm entgegensetzten.

Als 1688 die Stadt in Asche lag, wandten sich die Einwohner zuerst mit der Frage an ihren ebenfalls geflüchteten Landesherrn, ob er ihnen auch beim Wiederaufbau ihre Freiheiten im alten Umfange bestätigen wolle. Nur dann könnten sie sich entschliefsen, sich wiederum anzusiedeln. Schon damals rieten erfahrene Staatsmänner dem Markgrafen, dies nicht zu thun, weil es nicht mehr angehe, die einzige gröfsere Stadt des Landes von den wichtigsten Auflagen freizulassen; aber wer möchte in solcher Zeit Unglücklichen erhöhte Forderungen auferlegen, stärkere Verzichtleistungen zumuten?

Es stellte sich hier die Gnade bald als Fehler heraus. In den Kriegsstürmen waren die letzten Reste der alten ständischen Verfassung untergegangen; aber die Steuern, die früher regelmäfsig bewilligt worden waren, wurden nun regelmäfsig weiter erhoben. Niemand legte in jener Zeit Wert auf ein staatsrechtliches Vorrecht, das doch bedeutungslos geworden war; nur die Pforzheimer, welche bisher bewilligte Steuern ruhig bezahlt hatten, wollten nicht ein Haar breit weichen von ihren alten Stadtfreiheiten, welche ihnen alle direkten Abgaben erliefsen und jene Selbstverwaltung gewährleisteten, in der sich seit dem 16. Jahrhundert nichts mehr geändert hatte, ob auch die Welt rings umher eine andere geworden war. Durch alle Instanzen verfolgten die Pforzheimer ihr Recht, und als alle Mittel erschöpft waren, lief dieser Sturm im Wasserglase folgerichtigerweise in einen Weiberaufstand aus, mit dem die Angelegenheit dann alsbald zu Ende war[1].

Immerhin wurden die Markgrafen genötigt die äufseren Formen des Privilegs fortan zu schonen; wieviel mehr waren ihnen noch die Hände gebunden, wenn sie die Unterthanen zu regerer wirtschaftlicher Thätigkeit anspornen wollten. Wenn sie auch gewünscht hätten, die Zunftschranken

---

[1] Der Verlauf der Prozesse ist eingehend und anschaulich bei Pflüger dargestellt.

zu durchbrechen, die Eifersucht bereits der nächsten Nachbarn genügte, um den Versuch zu vereiteln. Die geringste Abweichung vom Üblichen veranlaſste schon die Kalwer Handwerker die Pforzheimer für unehrlich zu erklären und umgekehrt. Wie war aus dem unseligen Zirkel herauszukommen, daſs der Handwerkerstand je länger je mehr über Nahrungslosigkeit klagte und kastenartig seinen Kreis zu verkleinern suchte, während es doch klar war, daſs nur gewerbliche Thätigkeit die immer wachsende Anzahl nicht genügend beschäftigter Hände aufnehmen konnte?

Die Gefahr der Massenarmut lag jenen Tagen näher als den unseren. Da ist es das groſse Verdienst der fürstlichen Verwaltungen die richtige Antwort gefunden zu haben: es muſste neben dem Handwerk, das in seinem kleinstädtischen Absatzkreis befangen bleibt, die Industrie gepflanzt werden, die ihren Markt überall sucht, wo sie ihn finden kann. Die Industrie ward das Schoſskind des aufgeklärten Despotismus. Sie ward sogar von Anfang an im Gegensatz zum Handwerk hoffähig; und der Name Industrieritter hatte damals seinen guten Sinn, als statt der Goldmacher früherer Tage die zweideutigen Adligen, welche Porzellanfabriken und Seidenspinnereien, Salpetersiedereien und was sonst noch alles einrichten wollten, mit galanten Manieren, groſsen Forderungen für den Augenblick und noch gröſseren Versprechungen für die Zukunft sich an die Höfe drängten. Das waren die Marodeure des groſsen Heerbannes. Es ist nur zu natürlich, daſs bei diesen ersten Versuchen viel gefehlt wurde; aber was auch im einzelnen Bevormundungssucht, Phantastik und leider auch Frivolität gesündigt haben, ein guter Grundgedanke kämpft sich durch, und das verzogene Kind „deutsche Industrie" ist schlieſslich doch ein wetterfesten Mann gereift.

Der Weg, den Pforzheim von einer Landstadt engherzigster Art bis zu einer Weltindustriestadt durchlaufen hat, kann als vorbildlich gelten für die Schicksale des gesamten deutschen Bürgertums; der Ruhm der Priorität gebührt aber der alten Nebenbuhlerin, seiner Zwillingsstadt Kalw.

Bald nach dem dreiſsigjährigen Kriege wurde Kalw von den württembergischen Herzögen planmäſsig zum Industriecentrum ihres Landes gemacht. Nirgends in Alt-Württemberg war es so nötig wie im Schwarzwaldkreise der dürftigen Bevölkerung Nahrung aus gewerblicher Arbeit zu verschaffen, nirgends konnte also auch der Kaufmann über billigere Arbeit verfügen als hier. Auch war hier, namentlich im Amte Wildberg, von alters her die Zeugmacherei heimisch. Indem sich nun die Kalwer Färberzunft unter der Gunst fürstlicher Privilegien zu einer geschlossenen Handelsgesellschaft umgestaltete, indem diese mit den gesamten Webern der nächsten Ämter ein festes, von der Regierung verbürgtes Vertragsverhältnis einging, ward eine Organisation der gesamten Arbeitskräfte dieses Gebietes geschaffen, die in Deutschland ihresgleichen suchte. Freilich mufste es sehr bald gegen die ursprüngliche Absicht dahin kommen, dafs die geeinte Compagnie, die die Veredlung und den Vertrieb der Waren in der Hand hatte, völlig die Oberhand erhielt über die Zeugmacher, die zur abhängigen Arbeiterschaft wurden. Es ist eben auch eine andere Arbeitsleistung, die Konjunkturen eines Marktes in fremden Ländern zu beherrschen als ein Stück Müllergaze zu weben. Aber das Vertragsverhältnis blieb doch die Grundlage dieser Industrie; die Compagnie war verpflichtet Arbeit zu geben; und auch als sie schon um 1780, richtig die Zeichen der Zeit erkennend, teilweise zum Maschinenbetrieb überging, geschah dies nur unter stillschweigender Bewahrung jener Voraussetzung. Erst die französische Revolution liefs auch diese gröfste Fabrikcompagnie zerfallen, aber die Mehrzahl der grofsen Handelshäuser Württembergs ist aus ihr hervorgegangen, und damals zuerst sind die Verbindungen mit den romanischen Ländern Südeuropas und Südamerikas geknüpft worden, die seitdem, nur selten unterbrochen, die wichtigsten für unsere Industrieen geblieben sind. Im Anschlufs an die Zeugcompagnie oder angeregt von ihr entstanden damals in Kalw eine ganze Reihe von Gesellschaften; die Mehrzahl unter ihnen war wieder darauf berechnet, die Naturgaben des Schwarzwaldes auszubeuten, — Bergwerksgesellschaften und Holzhandlungscompagnieen.

Dieser Aufschwung Kalws war ein stiller Vorwurf für Pforzheim, das unvergleichlich günstiger gelegen ist und doch soweit zurückgeblieben war. Schon im Jahre 1664 suchte der Markgraf Friedrich hier etwas Ähnliches zu erreichen. Er forderte durch offenes Patent zur Gründung von Fabriken in Pforzheim auf, welche vor allem die ländliche Arbeiterschaft mit Zeugweben beschäftigen sollten, er sagte ihnen Steuerfreiheit zu und versicherte sie ihrer Unabhängigkeit von allen Zünften. Wie für die Zeugfabriken sollten diese Versprechungen auch für alle andern „künstlichen Arbeiten", deren eine grofse Anzahl aufgezählt wurden, gelten.

Niemand ging damals auf diese Versprechungen ein, erst im Jahre 1700 wurde in weit gröfserem Umfang der Versuch wiederholt[1]. Seit der Aufhebung des Edikts von Nantes war der Strom der kalvinistischen Auswanderung von Frankreich durch ganz Europa gegangen. Während die grofsen Kaufleute und Industriellen die gesicherten und bedeutenden Plätze aufsuchten, blieben in unserm Lande, das ihrer Heimat am nächsten lag, vorwiegend die ärmeren Ackerbauer zurück.

---

[1] Die Nachweisung des Materials, auf dem das Folgende beruht, verdanke ich der Freundlichkeit des Herrn Pfarrer Krieger in Brötzingen.

In dem sandigen Hartwald bei Karlsruhe und in der Nähe Pforzheims, namentlich auf der württembergischen Seite, gründeten sie ihre Niederlassungen; sie gaben ihnen teilweise die Namen der Dörfer, welche sie verlassen, und hielten lange wie an ihrem Kultus, so auch an ihrer Sprache fest. In Pforzheim fanden sie später ihren Mittelpunkt und haben hier 1716 sogar eine eigene Synode gehalten. Im Jahre 1700 versuchten die Markgrafen auch eine industrielle französische Bevölkerung in Pforzheim anzusiedeln, ähnlich wie dies geraume Zeit früher dem Kurfürsten Karl Ludwig von der Pfalz in Mannheim gelungen war. Ein Vertrag mit einem Unternehmer ward abgeschlossen, der eine ganze fertig konstituierte Kolonie von Industriellen und Handwerkern nach Pforzheim überführen wollte. Selbst ihre Obrigkeiten, Edelleute und frühere Bürgermeister, sollten sie mitbringen. Alle Arten kunstgewerblicher Unternehmungen sollten eingerichtet werden, als wichtigste unter ihnen eine Fabrik von Gold- und Silberwaren, Tressen und spanischen Spitzen. Diese französische Gewerbekolonie sollte völlig unabhängig neben der alten deutschen Bürgerstadt sich selber verwalten, und zwar sollten nach der Art dieser französischen Gemeinden die kirchliche und die politische Verfassung einander durchdringen.

Auch diesmal blieb die Ausführung hinter den Hoffnungen und Plänen weit zurück; aber immerhin nahm eine Anzahl der Berufenen hier ihren dauernden Aufenthalt. Die Eifersucht und der Unwille der Alteingesessenen waren grofs, sie wollten diese Fremden nicht als Pforzheimer neben sich dulden, sie erhöhten die Einkaufsgelder in das Bürgerrecht in ganz unsinniger Weise und erklärten auf einen Vorwurf der Regierung mürrisch: „sie wollten nicht noch mehr Bettler nach Pforzheim ziehen, da schon die Mehrzahl der Bürger solche seien". Eben diese Versuche des Markgrafen Karl Wilhelm, Pforzheims Bürgerschaft innerlich umzugestalten, haben am meisten böses Blut gemacht und haben im Privilegienstreite nachgewirkt.

Die eingewanderten Franzosen waren grofsenteils Männer von gediegener Bildung und feinen Formen, aber keinem hat es in Pforzheim recht glücken wollen. Die Kolonie nahm ab, sie schickte, als sie einen eigenen Tempel erbauen wollte, ihre Kollekteure durch ganz Europa ohne rechten Erfolg; nur ein kleiner Rest bestand noch, als die erneute Einwanderung französischer Kunstgewerbetreibender begann, jene letzte, die endlich das Ziel der früheren erreichen sollte und Pforzheim umbildete. Immerhin ist es doch wichtig gewesen, dafs diese bereits einen Anschlufs und eine Organisation ihrer Kirche vorfand. So erscheint uns denn Pforzheims Blüte als das Resultat immer wiederholter Anstrengungen.

Die gröfste Frage blieb aber: Wird sich irgendwo ein Anhaltepunkt unter den Bürgern deutscher Herkunft selber finden? Ehe sie sich nicht beteiligten an der erhöhten gewerblichen Thätigkeit, glichen diese Kolonieen künstlich verpflanzten Gewächsen, die unablässiger Pflege bedürfen und dennoch keinen festen Boden fassen.

Da war es das älteste und ansehnlichste Gewerbe der Stadt, das unter dem Einflufs des von Kalw ausgehenden Geistes und unter eifriger Förderung der Regierung neues Leben gewann: die Flöfserei. Ihre alte Organisation hatte den Grofshandel des einzelnen unmöglich gemacht und nur den Kleinhandel befördert, so dafs zwar kein Flöfser kapitalkräftig werden, wohl aber einer den andern herunterbieten und herunterdrücken konnte. Die altangesehene Flöfserzunft war fast zum Proletariat herabgesunken, sie trieb einen dürftigen Handel mit den nächstgesessenen Gemeinden und überliefs den grofsen Gewinn den Holländern, die regellos hier und da in den Wäldern das Langholz aufkauften, ohne sich darum zu kümmern, ob sie den Nachwuchs zu Grunde richteten. Noch im Jahre 1740 wurde die alte Ordnung der Zunft erneuert, alle alten verfehlten Bestimmungen wurden wieder in sie aufgenommen; aber wenige Jahre darauf brach die Einsicht durch, dafs es auf dem alten Wege nicht weiter gehe, und von 1747 datiert für Pforzheim eine neue Epoche.

Es zeigte sich gerade wie in Kalw, wieviel Vorteile es bot, eine Zunft umzugestalten in eine moderne leistungsfähige Aktiengesellschaft. Es ward eine bestimmte Anzahl von Geschäftsanteilen als Aktien ausgegeben, und es war bei einer Produktivgenossenschaft dieses Ursprungs berechtigt, dafs noch einige Beschränkungen im Aktienbesitz festgehalten wurden, dafs man einer Vereinigung in zu wenig Händen vorbeugte. Keinerlei Beschränkung unterlag aber fortan der Betrieb; je mehr er sich ausdehnte, um so besser für den einzelnen, denn er war durchaus gemeinsam. Gemeinsam wurden die Kontrakte abgeschlossen, gemeinsam Kasse gehalten, gemeinsam der Gewinn nach der Anzahl der Aktien verteilt. Die Verwaltung der Gesellschaft schien noch immer dieselbe wie die der Zunft; der Unterschied bestand eben darin, dafs diese Vorsteher früher jeden Ansatz zum Grofsbetrieb argwöhnisch zurückdrängten, jetzt aber einen solchen selber leiteten. Alsbald zeigte, wie dies immer geschieht, die grofse Unternehmung eine merkwürdige Anziehungskraft. Zum ersten Male äufsert sich der Wetteifer zwischen Pforzheim und Kalw anders als in Eifersucht. Es kam eine Vereinigung zwischen den beiderseitigen Compagnieen zu stande, und bis zum Jahre 1788 war fast der gesamte Holzhandel konzentriert in den Händen dieser Gesellschaften. Es war eine Blütezeit der Flöfserei wie einst am Ende des 16. Jahrhunderts, nur dafs die Gernsbacher Schifferschaft, die damals den Pforzheimern weit vorangeeilt war, jetzt zurückstand. Sie hatte nicht verstanden, sich auf neuem Boden zu reorganisieren, und mufste zufrieden sein, aus ihren eigenen Waldungen das Sägeholz zu verflöfsen.

Für die Waldbesitzer, d. h. in erster Linie für die Fürsten, war diese Neugestaltung der Dinge ebenso günstig wie für die Flöfser. Unglaublich gering war die Rente, die ihnen bisher der Wald abwarf. Die Stadt Baden war schon froh, von den holländischen Händlern die längsten Tannen, die sogenannten Holländer Dickbalken, Stück für Stück mit 38 Kreuzern bezahlt zu erhalten; das Fällen und Herabschaffen überliefs man den Käufern. In den württembergischen und baden-durlachschen Waldungen war schon seit geraumer Zeit Ordnung eingekehrt; der Forstdienst war bisher wie die Offiziersstellen ein Vorrecht des Adels gewesen, solange man bei ihm vorwiegend die Jagd im Auge hatte; jetzt aber ward er grofsenteils mit Bürgerlichen besetzt, und den Grund sagte Karl Wilhelm ohne Umschweif, als er den ersten bürgerlichen Oberförster in den Hagenschiefs setzte: „Dich kann ich henken lassen, wenn Du stiehlst, einen Kavalier nicht." Im Baden-Badischen, dem Lande der schönsten Hochwälder, herrschte dagegen noch eine grauenhafte Unordnung. Diese weiten Waldstriche waren sogut wie eine Wüste, einzelne Teile von wandernden Glasmachern und Pottaschebrennern verheert, andere noch ganz unzugänglich. Ein Kammerrat, den Karl Friedrich zugleich mit einem Mitgliede des Pforzheimer Flofsvereins abschickte, um den Holzvorrat zu taxieren und einen Vertrag mit Baden-Baden vorzubereiten, hat in dem Protokoll seine Reise geschildert, wie wenn sie nach den Hinterwäldern Amerikas gegangen sei. Als auf Grund dieser Schätzungen die Kalwer und Pforzheimer Gesellschaften gemeinsam zur Ausbeutung dieser waldreichsten Gegenden die neue grofse Murgcompagnie gründeten, brachten sie wenigstens einigermafsen Ordnung in diese Verwahrlosung.

Jedoch jener grofse Verband hielt nicht allzulange; auf die Dauer machte sich die Eifersucht der beiden Staaten geltend, man kam auch nicht ganz überein in der Bildung der Preise, einzelne selbständige Firmen etablierten sich neben dem Verein und wufsten geschickter zu spekulieren; auch die Regierungen glaubten besser mit diesen als mit der organisierten Gesellschaftsmacht zu fahren, und im Innern war wohl noch nicht ganz der alte Zunftgeist überwunden. Der Flofsverein zerfiel und mit ihm alsbald die Blüte des Holzhandels. Holländische Faktoren und sogar Saarbrücker Firmen machten den Pforzheimern in ihrer eigenen Stadt eine überlegene Konkurrenz.

Erst mit dem Beginn dieses Jahrhunderts fand sich unter der trefflichen Leitung des Obervogtes Baumgärtner, des späteren Justizministers, der Floſsverein von neuem zusammen, und wiederum war es ein groſser Fortschritt im Handelsbetrieb, der den Einigungspunkt gab. Früher hatte man nur bis Mannheim geflöſst und gehandelt, man hatte sich deshalb nie von der Abhängigkeit von Zwischenhändlern befreit, niemals die Holzpreise selber gemacht. Jetzt, da Mannheim selber badisch war, nahm der Verein den selbständigen Vertrieb nach Holland in die Hand. Mag nun auch seitdem in Zeiten der Blüte der private Unternehmungsgeist noch gröſsere Erfolge erzielt haben, so soll es doch unvergessen in Pforzheim sein, welche Gesinnung zuerst wieder diesem Gewerbe und der Stadt neues Leben zuführte.

So einfluſsreich der Aufschwung des Holzhandels für den Wohlstand der besseren Stände war, so wenig konnte er doch die proletarischen Gefahren in Stadt und Landschaft heben. Völlig gedankenlos hatte man sich bisher gegenüber den Zuständen der Armen verhalten; eine Bettelordnung hatte gegolten, vermöge deren bestimmt war, was der arme Reisende je nach seinem Stande von Amts wegen erhalten sollte: Ein Kavalier und eine Dame 15 Kreuzer, ein Pfarrer 10, ein Schulmeister und Student 5, so abwärts bis zum gewöhnlichen Bettler, für den 1 Kreuzer genügte, und nur zum Schlusse wird mit protestantischer Gesinnungstreue bestimmt: ein Papist oder Bettelmönch nichts.

Auf solche Weise konnte man nur weitere Arme oder, was noch schlimmer war, Gauner heranziehen. Eine Wohlthätigkeit, die dem Armen zu Arbeit und Selbständigkeit verhalf, muſste jedem aufgeklärten Fürsten als das notwendige Ziel erscheinen. Und da die tüchtigsten dieser Fürsten, der harte Karl Wilhelm ebenso wie der sanfte Karl Friedrich, sich als die Erzieher eines verwahrlosten und zurückgekommenen Volkes fühlten, so ward unter ihnen die Sorge für die hülfsbedürftigen Unterthanen eine Specialität der Pädagogik. In diesem Sinne gründete der Markgraf Karl Wilhelm unmittelbar nach dem Schlusse des spanischen Erbfolgekrieges das Pforzheimer Waisenhaus. In einer beredten Proklamation rief er die gesamte Einwohnerschaft seines Landes zur Mithülfe auf: Völlig verwüstet sei das Land; es sei die Aufgabe des Staates, für die Zukunft des Volkes, das an den Bettelstab gekommen, zu sorgen. Darum sollen alle Waisen in einer Anstalt zusammengebracht, im Schreiben und Lesen unterrichtet, zur Erlernung nützlicher Handwerke geleitet und zur Arbeit angewöhnt werden. Diese Fürsorge des Staates soll sich aber noch weiter — auf sämtliche Hülfsbedürftigen erstrecken, alle inländischen Hausarmen, sie mögen arbeiten können oder nicht, auch diejenigen Witwen und Waisen, die noch einiges

Vermögen besitzen, falls sie es begehren, sollen hier Aufnahme, Arbeit und Verzinsung ihres kleinen Kapitals finden. Alle Armenfonds sollen fortan als Vermögen dieser centralisierten Wohlfahrtsanstalt betrachtet werden; einige kleinere Abgaben werden ihr überwiesen. Dagegen sollte fortan das Betteln ganz abgestellt sein; alle Almosen der privaten Wohlthätigkeit sollten der Staatsanstalt zufallen. Der eigentliche Zweck aber ist die Erziehung zur industriellen Arbeit. Das Waisenhaus soll eine grofsartige Fabrik werden, bei der der Staat arbeiten läfst und die sich selber erhält; zugleich soll sie eine kleine geschlossene wirtschaftliche Welt darstellen, denn in ihrer Hausökonomie sollen alle Gewerbe vertreten sein. Das Waisenkind findet Gelegenheit sei es als Fabrikarbeiter, sei es als Handwerker, je nach seiner Anlage, sich auszubilden.

Es war ein grofsartiger, phantastisch-kühner Plan, die sociale Frage jener Zeit mit einem Schlage von Staats wegen zu lösen. Ein richtiger Grundgedanke von unberechenbarer Tragweite, „Erziehung der Hülfsbedürftigen durch Arbeit zur Arbeit bei vollem Eintreten des Staates", verführte zu einem gewagten Experiment. Aber Karl Wilhelm wufste doch für seinen Gedanken auch seine Unterthanen zu gewinnen. Überall fand der Plan freudige Zustimmung, kein Widerspruch erhob sich, als die vielen zersplitterten lokalen Stiftungen zu einem neuen fremden Zweck verwendet wurden, und die Kollekte in dem ganz erschöpften Lande lieferte dennoch ein erfreuliches Ergebnis.

Und sofort bürdete man der neuen Anstalt auch noch alle andern verwandten Aufgaben der öffentlichen Fürsorge auf, so dafs mit dem Waisen- und Armenhause auch noch eine Blinden-, Taubstummen- und Idiotenanstalt, eine Säuglingsstation und ein Zuchthaus verbunden wurden. Auch alle Verbrecher des Landes mufsten hier ihre Strafe abbüfsen, um durch Erziehung zur Arbeit ihre Besserung zu finden. Unter einem Dache mufsten sich diese grundverschiedenen Anstalten bequemen, gleichmäfsig beschattet von den Fittichen einer gefühlvollen Philanthropie.

Natürlich kam man mit dieser Art von Volkserziehung nicht vorwärts; die Akten des Zucht- und Waisenhauses bieten hingegen eine fortlaufende Reihe von erheiternden Kulturbildern. Das ist noch eine der harmlosesten Scenen, wenn einmal der tüchtigste Beamte des Landes, der Oberamtmann Schlosser, der Schwager Goethes, entrüstet berichtet, er habe einen abgefeimten Gauner ins Zuchthaus geschickt, der aber noch schlimmer zurückgekehrt sei, denn man habe ihn wegen seiner Anstelligkeit einem adligen Züchtling zum Bedienten gegeben! Diese zarte Rücksicht auf den Adel selbst im Zuchthause war dem vorigen Jahrhundert noch gar nicht anstöfsig. Weit häufiger und dringlicher aber sind die Klagen, dafs in dem

Waisenhause die Kinder aufs schlechteste untergebracht seien, trotz reichlicher Mittel ansteckenden Krankheiten ausgesetzt. Bald suchte man diese bald jene Fabrikation unter ihnen einzuführen. Heute wurde ein Messerschmied engagiert, der aber seine Messer im Streit mit den Gesellen selber am besten handhabte, morgen ein Glasperlenmacher, ohne dafs man gewufst hätte, wer die Glasperlen eigentlich kaufen solle. So wurden die Kinder unfähig zu aller Arbeit entlassen, und nur das eine hatten sie gelernt, beständig den Armenfonds und den Staat, auf dessen Kosten sie erzogen worden waren, in Anspruch zu nehmen. Alle Verbesserungen im einzelnen halfen nichts; man hat sich schliefslich genötigt gesehen, das Waisenhaus aufzulösen und die Kinder wieder in Familien unterzubringen. Das Problem der gemeinschaftlichen Erziehung, das unserm Geschlecht, dem die militärische Zucht stärkend in alle Glieder gefahren ist, gar nicht mehr so schwierig erscheint, war im vorigen Jahrhundert nur zu lösen, wenn wie im Halleschen Waisenhause ein bestimmt gefärbter religiöser Geist die ganze Stiftung durchdrang und beherrschte.

Die eigentlichen Zwecke, welche sich diese Volkserziehung vorgesetzt hatte, waren nicht erreicht worden; aber hier gilt dasselbe wie von der Einrichtung des physiokratischen Musterstaates in Dietlingen: auch der verfehlte Versuch ist ein notwendiges Glied in der Kette des Geschehens; nicht die Gesinnung, der er seinen Ursprung verdankt, wird durch das Mifslingen widerlegt, es wird nur klargestellt, wo die Ziele einseitig gefafst waren und wo sie einer Erweiterung bedürfen. Aus jener verunglückten Schöpfung des Zucht- und Waisenhauses ist trotz allem die Industrie Pforzheims hervorgegangen, und wir würden völlig fehl gehen, wenn wir diesen Ursprung einen zufälligen nennten. Für die Strafgefangenen war Wollespinnen und Weben als Beschäftigung bestimmt, bisweilen wurden auch die Waisen hierzu herangezogen. Das ansehnliche Wollenhandwerk der Stadt Pforzheim war völlig verfallen; nur eine ganz geringe Anzahl von Bürgern betrieb es noch, und ihre Zunft ward fast nur noch durch den gemeinsamen Besitz der städtischen Walke zusammengehalten. Karl Wilhelm musterte ihre alten Privilegien, und zum erstenmal seit langer Zeit ward bemerkt, dafs dieselben von der Zunft als einem Amte, das im öffentlichen Interesse liege, sprachen, dafs die Vorrechte ihr nur gegeben waren, um sie in den Stand zu setzen, ihre Pflichten zu erfüllen. Dafs sie dies nicht gethan, dafs sie es bei ihrer geringen Kopfzahl nicht thun konnte, lag am Tage; und der Markgraf entzog ihr deshalb den gröfseren Teil ihrer Rechte, so unbillig es damals auch scheinen mochte, einige friedfertige fleifsige Leute mit einer Strafe zu belegen, die sonst nur wegen hartnäckiger Unbotmäfsigkeit verhängt wurde. Denn als Strafe erschien der Privilegienverlust.

Neben den Zunftmeistern arbeitete fortan mit herrschaftlichem Kapital und mit den Arbeitskräften des Zuchthauses die Fabrik. Der Wetteifer mit den Kalwern spornte sie; aber eben die Notwendigkeit gleich jenen fremde Märkte aufzusuchen — denn das badische Militärtuch trug in jener friedfertigen Zeit nicht viel aus — und die Schwierigkeit, der vielköpfigen Verwaltung der humanen „Waisen-, Zucht- und Pflegeanstalt" auch noch technische und kaufmännische Sorgen aufzubürden, führten zum Aufgeben der Regie. Schon 1753 trug man kein Bedenken, das zarte Pflänzchen aus dem Frühbeet der Staatsfürsorge in die frische Luft des rauhen Konkurrenzkampfes zu versetzen; eine Compagnie, gleich der Kalwer und grofsenteils auch mit Kalwer Kapital gegründet, übernahm die Fabriken und verpflichtete sich nur, dem Zuchthause die nötige Arbeit zuzuweisen. Rasch aber fand sie in der freien Arbeit einen gesünderen Boden; das Beispiel der Württemberger hatte auch in dem badischen Grenzdistrikt bei den Bauern Nachahmung gefunden, und es bedurfte nur der geschickten kaufmännischen Leitung, um in der Stadt wie in der Umgegend Arbeit genug erstehen zu lassen. Gegen das Ende des Jahrhunderts betrug der Betriebsfonds 200 000 Gulden, eine für jene Zeit enorme Summe. Es zeigte sich gerade wie beim Holzhandel, dafs nur der Krämersinn, der über die eigene Gasse nicht hinaussieht, Brotneid hegt, dafs dem grofsen Geschäftsmann, für den die Welt offen liegt, die Konkurrenz ein Sporn wird und dafs sie ihm oft zur Unterstützung erwünscht ist. Die staatlichen Privilegien sicherten ängstlich den Pforzheimern hüben, den Kalwern drüben die ländlichen Arbeitskräfte; die Zeugfabriken selber hatten aber gar nichts gegen freundnachbarliche Übergriffe einzuwenden, und namentlich die Kalwer sahen es ganz gern, wenn sie etwas von ihrer Verpflichtung, stets Arbeit zu schaffen, entlastet wurden.

Einen ähnlichen Entwicklungsgang nahm auch ein anderes mit bedeutenden Kosten hergestelltes Unternehmen: die Eisen giefserei. Ein Monopol für den inländischen Bedarf, billigste Lieferung des zum Schmelzen nötigen Scheiterholzes, feste Kontrakte mit Württemberg über Abnahme eines Teils der Produktion, strenge Kontrolle der durch den Pächter — von Regie sah man gleich anfangs ab — gelieferten Masseln, das waren die Grundlagen, auf denen man ganz nach Colbertschen Prinzipien das Unternehmen einrichtete, unzweifelhaft richtig für eine Zeit, in welcher statt des mangelnden Privatkapitals der Staat mit seiner Autorität und mit seinem Kredit eintreten, hierdurch die Neubildung des Kapitals erst ermöglichen mufste.

Aber schon um die Mitte des Jahrhunderts (1761) war der Zeitpunkt gekommen, wo die Regierung im Interesse der Unterthanen das Monopol und ebenso den Fabrikanten die polizeiliche Reglementierung des Betriebes unbequem war, und man liefs beides fallen. Seitdem hat die Pforzheimer Eisenindustrie mit merkwürdiger Stetigkeit in den Händen ein und derselben Fabrikantenfamilie bis auf unsere Tage ihren Ruf behauptet. Übrigens war es wiederum ein Württemberger aus der Nachbarschaft, der ihr zum Aufschwung verhalf, der frühere Klosterrichter Benkiser von Herrnalb, und es hat sich auch weiterhin gezeigt, dafs neben den alten Pforzheimer Familien vorwiegend die schwäbische Einwanderung, weit mehr als die vom Rheine her, Pforzheim seine besten Kräfte zugeführt hat.

Es ist für das kleine badische Land und seine einzige bedeutendere Stadt Pforzheim von besonderer Wichtigkeit gewesen, dafs die beiden einander folgenden Systeme der Volkswirtschaft, der Merkantilismus und die Physiokratie, in seinen Fürsten begeisterte Vertreter fanden und dafs beider theoretische Neigungen, die sich mit praktischem Scharfblick verbanden, dem Lande zu gute kamen. Karl Friedrich war ein energischer Gegner aller Monopole, die den noch immer schwachen Unternehmungsgeist einengten; er schaffte rücksichtslos fast alle sogenannten Admodiationen ab, wonach die Versorgung der Unterthanen mit den verschiedenen Bedürfnissen des Handels und Wandels vom Eisen bis herab zum Glasgeschirr vom Staat in Pacht gegeben wurde; er war der Ansicht, dafs sich eine gesunde Industrie erst erheben könne auf Grundlage eines ganz durchgebildeten Ackerbaus, dafs ihr dann aber auch die von jenem gebildeten Kapitalien von selbst zufallen. Was schadet es, dafs sein theoretisches System auf einer Reihe von Trugschlüssen beruhte, wenn es nur mit den praktischen Forderungen der Gegenwart stimmte! Und war es nicht damals die dringendste Aufgabe, alle Staatsfürsorge auf die Hebung des Landbaues zu verwenden, den Bauernstand zu belehren und zu heben, während es schon genügte, den Fabriken freie Bahn zu schaffen, die mit staatlichem Zuschufs und Kredit Verwöhnten auf eigene Füfse zu stellen und ihnen nur soviel Privilegien zu lassen, als das Gewerberecht jener Tage unbedingt erforderte? Das Beispiel der Pforzheimer Industrie giebt die Antwort auf diese Frage.

Da möchte es fast wunder nehmen, dafs gerade unter dieser physiokratischen Regierung von Staats wegen eine Luxusindustrie eingeführt wurde, die sich aus den Bedürfnissen dieses ackerbauenden Landes wohl am allerwenigsten ergeben haben würde, die Bijouteriefabrikation. Aber gerade an ihr, die fortan Pforzheims Geschicke fast ausschliefslich bestimmen sollte, hat sich der notwendige Entwicklungsgang deutlicher und überzeugender als an jeder andern deutschen Industrie gezeigt.

Eigentlich hat auch nicht Karl Friedrich die Anregung zu unserer Hauptindustrie gegeben, sondern seine Gemahlin Karoline. Die hochsinnige und feingebildete Frau, das Musterbild einer Fürstin und Gattin, teilte sowohl die pädagogischen wie die volkswirtschaftlichen Neigungen ihres Mannes, aber nicht seine Überzeugungen. Sie war ebenso sehr merkantilistisch gesinnt wie ihr Gemahl physiokratisch, und mit liebenswürdigem Eifer bekennt sie sich in ihren Briefen zu dem Hauptgrundsatze des Merkantilismus, dafs eine Industrie um so höher zu schätzen sei, je mehr sie bares Geld ins Land bringe. Auch ein Teil der höheren Beamten, sogar der einflufsreichste der früheren Epoche Karl Friedrichs, Reinhard, huldigte noch jener Schule; und der Markgraf, obwohl felsenfest von der Richtigkeit und Anwendbarkeit seiner Sätze überzeugt, vergafs nie den Fürsten über dem Stück Professor, das in ihm steckte. Er liefs der Thätigkeit tüchtiger Menschen freien Lauf, auch wenn er ihre Überzeugungen nicht teilte.

Der Einflufs der Damen hat in der Geschichte der Industrieförderung eine recht bedeutende Rolle gespielt, die Vorliebe der merkantilistischen Epoche für Porzellan- und Fayence-, Quincaillerie- und Bijouterie-, namentlich aber für Seidenfabriken führt sich grofsenteils auf ihn zurück. Noch war freilich die Zeit nicht gekommen, wo der Grofshandel die voluminösen Produkte der Massenindustrie auf den Markt warf; selbst die Baumwolle diente vorwiegend dem Luxusgespinst, und die Kalwer Compagnie liefs die Wolle zu feinem Krepp, Flor und Gaze verweben, während sie sich ängstlich fern hielt von den derberen Kleiderstoffen, um nicht den Schein zu erwecken, als ob sie den heimischen Handwerksmeistern das Brot wegnehmen wolle. Eine Kunstindustrie schien aber auch für die Zöglinge einer Waisenanstalt, vor denen sich die ohnehin dürftigen Handwerker verwahrten und die man doch zu etwas Besserem machen wollte als zu gewöhnlichen Wollespinnern, am besten geeignet.

Der Schlufserfolg hat der Markgräfin Karoline recht gegeben, aber es war doch eine bedenkliche Sache, das kostspieligste aller Gewerbe ohne den geringsten Absatz im Lande und mit ganz vagen Aussichten fürs Ausland, ohne einen festen Arbeiterstamm und ohne eigene Sachkenntnis einbürgern zu wollen. Aber Karoline war nach Damenart etwas sanguinisch im Punkte der Rentabilität; und begeistert für ihren Zweck schonte sie die Gelder ihrer Schatulle nicht, wenn die Rentkammerräte ihrerseits zögerten.

Unzählbar sind damals die Projektenmacher, die sich zur Einrichtung von Fabriken aller Art bald diesem bald jenem Fürsten anboten; wie der Herbstwind Unkraut und gute Samenkörner durcheinander wirbelt, stoben ihre Pläne einher, und fast ist es Zufall zu nennen, wo und wie etwas davon aufging.

Es war einer der schlimmsten Sorte, der sich i. J. 1767 an die Markgräfin und an Reinhard drängte: ein Südfranzose, Namens Autran, der schon gewöhnt war, hie und da sich zu etablieren, Vorschüsse zu empfangen und aufzubrauchen, um sich dann anderweitig umzuthun, bot sich zur Errichtung einer Uhrenfabrik mit Hülfe zweier ehrlicher, von ihm angeworbener Schweizer an. Man wies ihn nach Pforzheim, wo ohnehin am billigsten zu leben sei und wo man froh war, wieder einen Lehrherrn für das Waisenhaus zu finden. Alsbald rechnete man sich aus, wie gut es nach sechsjähriger Lehrzeit jedes Waisenkind haben würde, wie es im 20. Lebensjahre schon der Mutteranstalt seine Erziehungskosten zurückgezahlt haben und selber in der Lage sein würde, sich einen Hausstand zu gründen. Einem Manne wie Autran galt die freundliche Aufnahme als Aufforderung Projekte über Projekte zu spinnen. So spürte er bald auch eine Gesellschaft englischer und französischer Arbeiter aus, die unter der Leitung eines gewissen Preponnier in Thun auf Rechnung von Berner Unternehmern eine Fabrik englischer Stahlwaren, einen Modeartikel jener Zeit, eingerichtet hatten, aber willens waren die Schweiz zu verlassen. Es ward dem gewandten Manne nicht schwer, seine Gönner zu überzeugen, dafs die Ausdehnung der kaum eingerichteten Uhrenfabrik auf diesen Fabrikationszweig vom gröfsten Vorteil sei; noch eifriger als auf den ersten Plan ging man auf diesen zweiten ein. Es stellte sich allerdings bald heraus, dafs es eigentlich die Berner waren, welche die ganz zuchtlose und verschuldete Fabrik los werden wollten, vorausgesetzt dafs jemand für die Vorschüsse und die persönlichen Schulden der Arbeiter eintrete und sie auslöse. Auch dazu aber war man bereit. In die Person des Unternehmers setzte man zwar ebenso unbedingtes Vertrauen als in diejenige Autrans, tröstete sich aber sehr rasch, als derselbe nach erhaltenem Vorschusse alsbald das Weite suchte, denn er sei ein ganz nichtsnutziger Mensch gewesen, der von der Fabrikation gar nichts verstanden, und der Fabrik könne gar kein gröfseres Glück widerfahren als ihn auf so einfachem Wege los zu werden.

Wer darf sich wundern, dafs bei so zarter Rücksichtnahme jeder Arbeiter, der sich als ein Muster von Geschicklichkeit herausgestrichen sah, sich mit unglaublichem Dünkel erfüllte. Die von jeher schwache Zucht des Waisenhauses zerfiel gänzlich, seitdem die Zöglinge den einzelnen Kabinettsmeistern zugeteilt waren; und so gern man es übersehen hätte, konnte man sich nicht verbergen, dafs die weibliche Abteilung dieser Staatsanstalt unter dem Einflufs der leichtfertigen Franzosen eine Brutstätte der Unsittlichkeit wurde.

Auch an der Kleiderpracht und der Unverträglichkeit der neuen Ankömmlinge hatte man allerlei auszusetzen; im übrigen war man recht zufrieden. Selbst ein so nüchterner Kopf wie Reinhard wiegte sich in Träumen, die erst eine späte Zukunft wahr machen sollte: „Genf nähre durch Uhrmacherei 20000 Menschen, England durch feine Stahlarbeiten 40000, warum könne es Baden nicht auch soweit bringen?" Unterdessen war Autran wieder auf einen Gedanken verfallen: die Stahl-Quincaillerie sollte durch die ohnehin verwandte Bijouterie unterstützt werden. Er hatte zu diesem Zwecke von einer Geschäftsreise einen jungen Kaufmann Namens Ador mitgebracht. Endlich einmal ein guter Griff! Ador war von Herkunft ein Engländer, der aber von einer französischen Mutter in der Schweiz geboren war und dessen Familienverbindungen ihn hauptsächlich nach Rufsland wiesen. Durch diesen ihren Begründer hat die Pforzheimer Bijouteriefabrikation von vornherein den internationalen Charakter erhalten, der ihr Lebensprinzip ist. Ador übernahm nun die eigentliche Leitung der Fabrik, während Autran, mit reichlichen Reisemitteln versehen, sich gewöhnlich in den grofsen Städten Europas herumtrieb, um Geschäftsverbindungen anzuknüpfen. Aber Ador war ein junger schüchterner Mann, seine Autorität über die Arbeiter war gering, und gegen den hochfahrenden anspruchsvollen Associé, der dazu die Hofgunst genofs, wagte er sich gar nicht heraus; sieben Jahre lang liefs er sich, wenn auch mit Seufzen, von diesem mitschleppen.

Erstaunlich mag es scheinen, dafs ein Unternehmen, welches auf so durchaus unsoliden Grundlagen beruhte, solange aushielt, ohne zusammenzubrechen. Allein die Regierung — diese hatte, nachdem ein Versuch, die Fabrik als Aktiengesellschaft zu gründen, mangels aller Beteiligung gescheitert war, sie behalten — forderte einstweilen keine Verzinsung; Zuschüsse, offene und in noch gröfserem Mafse geheime, kamen ein; man war in Karlsruhe zufrieden zu vernehmen, dafs im Jahre 1771 für 25000 Gulden Gold verarbeitet, dafs man an den verkauften Goldwaren 10000 Gulden reinen Gewinn gehabt, und erfuhr nicht, dafs für drei Jahre Vorräte, die durch veraltete Façon unverkäuflich geworden waren, noch auf Lager seien. Man war stolz darauf, dafs 203 Arbeiter, mit ihren Familien 360 Personen, in dieser einen Fabrik Nahrung fänden; und man ertrug es gleichmütig, dafs dieselben alle von Vorschüssen lebten und dafs bisweilen auch ein kleines Komplott unter ihnen geschmiedet wurde, es wie weiland ihr Chef Herr Preponnier zu machen: auszureifsen und den Vorschufs mitzunehmen. Die endlosen Zwistigkeiten aber, wenn sich z. B. die deutschen Arbeiter unter Führung eines talentvollen, unruhigen Mannes mit Namen Mezger der Begünstigung der Franzosen widersetzten, suchte man redlich und geduldig zu schlichten. Prachtstücke, emaillierte Dosen u. dgl., die man befreundeten Fürsten zum Geschenk machen konnte, wurden nach Karlsruhe gesandt. Auch kam von dort alljährlich eine Kommission und freute sich an der damals noch neuen Kunst der doppelten Buchführung, die Ador in schönem Französisch in einem majestätischen Hauptbuche übte. Vor allem aber bewunderte man „die schöne Ordnung der Arbeitsteilung". Noch kannte man in Süddeutschland keine arbeitsteilige Industrie; auch die Kalwer Fabrikation war doch nur Hausindustrie unter centralisierter kaufmännischer Leitung. Wie ein Wunder staunte man die Erhöhung der Leistungsfähigkeit an, die sich auf so einfache Weise vollzog.

Damals schrieb Adam Smith sein großes Werk und eröffnete es mit der glänzenden Schilderung der Nadelfabrik, für das große Publikum das anziehende Schaustück des Buches, während auch die Denker die ungeahnte Ausdehnung, die er dem Prinzip der Arbeitsteilung gab, am meisten hinriß. Wir sollen diese berechtigte Bewunderung für ein Prinzip von größter Tragweite nicht vergessen, um milder zu urteilen über die Vertrauensseligkeit jener Zeit gegenüber den Vorkämpfern desselben.

Dieser angenehme Schleier, der die unangenehme Wahrheit verhüllte, ward plötzlich im Jahre 1775 von den Unternehmern selber zerrissen. Sie sandten eine Denkschrift ein, die aus der entgegengesetzten Tonart wie die früheren geschrieben war, und forderten Lösung ihres Kontraktes, wobei sie eine Verbindlichkeit der Regierung gegen sie von nicht weniger als 50000 Gulden herauszurechnen wußten. Bisher hatte sich Markgraf Karl Friedrich, der in jenen Jahren vollauf damit beschäftigt war, das heimgefallene und ganz verrottete Baden-Baden mit seinem kleinen Musterstaate zu verschmelzen, persönlich wenig um die Pforzheimer Angelegenheit gekümmert; jetzt aber verstand er keinen Spaß. Als Antwort auf die Denkschrift ließ er Autran und Ador verhaften und die Rechnung nach seiner Art prüfen. Dabei stellte sich heraus, daß er zunächst gar nichts schuldig sei, wohl aber daß Autran nach und nach 15600 Gulden für seine Bedürfnisse der Fabrikkasse entnommen hatte.

Die ganze Mißwirtschaft lag auf einmal klar, und man konnte zufrieden sein, daß der Urheber derselben, Autran, in seinem Übermute selber die Handhabe geboten, um ihn beiseite zu schieben. Autran mußte einen Revers als Schuldner unterschreiben, sich eidlich zur Abzahlung verpflichten und verschwand dann nach Frankreich. Natürlich dachte er nun nicht mehr daran, einen Pfennig zu bezahlen, und eigentlich hat man in Baden dies wohl von vornherein vermutet. Wieder erschienen aber ist er doch noch einmal, aber nicht als Bijouteriefabrikant, sondern als Kriegskommissar eines Revolutionsheeres im Jahre 1798. In solcher

Stellung waren die Gründe, die er für seine Forderungen anführte, natürlich unwiderleglich!

Unterdessen ging die Liquidation der Fabrik ihren Gang, aber freilich verfuhr sie so rauh, dafs die Gefahr nahelag, die mit so vielen Opfern kaum gepflanzte Industrie ganz zu zerstören. Haussuchungen und Verhaftungen brachten die Arbeiter, die in der allgemeinen Unordnung auch flott drauf los gelebt hatten, zur Verzweiflung; kein einziger wäre geblieben, wenn sie nicht die Schulden und die entsprechende Aufsicht gehalten hätten. Das bedeutende Kapital, das doch nun einmal in die Fabrik gesteckt worden war, schien verloren, die Stadt des reichlichen Verdienstes, den ihr die Fremden gebracht, beraubt. Es war klar: die Industrie mufste erhalten, zugleich aber auf andere Grundlagen gestellt werden. Karl Friedrich scheint gar nicht so unzufrieden mit dem Mifserfolg des Experiments gewesen zu sein, seine alte Abneigung gegen Staatsfabriken hatte wieder einmal eine glänzende Bestätigung erhalten. Sein Freund Edelsheim, derselbe Minister, welcher in die deutsche Politik Badens einen grofsen Zug brachte, dem er die Besorgung dieses verworrenen Geschäfts übertragen hatte, schrieb eine glänzende Denkschrift, in der er die Unzuträglichkeiten der Regie bei einer Fabrikation, die auf einen Spekulationshandel nach fernen Plätzen angewiesen ist, schlagend erwies.

Zur Übernahme der Fabrik fand sich Ador bereit, von dem man in der Untersuchung die Überzeugung gewonnen, dafs er nur zu schwach gegen Autran gewesen sei und im übrigen seine Pflicht gethan habe, der auch während der interimistischen Verwaltung uneigennützig geholfen hatte. Er wollte sich fortan auf Bijouterie beschränken, denn mit der Stahlware hatte man kein Glück gehabt. Wohl oder übel behielt der Staat den Vorrat der Quincaillerieen und schlug ihn, so gut es ging, los; aber bis tief ins 19. Jahrhundert wurden in den Akten noch einige Centner abhanden gekommener Bestandteile von Stahlbrochen gesucht — eine letzte Erinnerung an die entschlafene Fabrik; denn bekanntlich stirbt eine solche in den Akten immer später als in der Wirklichkeit.

Der Kontrakt mit Ador ward nun endlich auf geschäftsmäfsigem Boden abgefafst. Er erhielt die Fabrik gegen 60000 Gulden, die ihm gegen Verzinsung kreditiert wurden und deren Abtragung vorgesehen war. Auf einmal zeigte sich, welcher Sporn die Selbstverantwortung ist; die Fabrik, die auch weiterhin mit fast zweihundert Arbeitern betrieben wurde, blühte auf; Ador konnte sehr bald seinen Vorschufs bezahlen, ward Kommerzienrat u. s. w. Leider ward Pforzheim ihm zu enge, er ging nach Petersburg, wo er nach wenigen Jahren starb; aber die Verbindungen, die er geknüpft, blieben für

Pforzheim erhalten. Noch sind seine Geschäftsbücher vorhanden und geben einen überraschenden Einblick in die Organisation des Bijouteriehandels im vorigen Jahrhundert. Er verkaufte von Petersburg und Warschau bis nach Südfrankreich in allen Grofs- und Mittelstädten, aber überall begegnen wir unter den Firmen fast nur Namen französischer oder Genfer Herkunft. Schon im Reformationszeitalter waren die geflüchteten Hugenotten die Pioniere der Grofsindustrie gewesen; die Städte, welche sie aufgenommen, Basel, Zürich, waren Hauptsitze der Industrie in Mitteleuropa geworden; Genf, die Mutterstadt des Calvinismus, besafs durch die Uhrenfabrikation und die Bijouterie, die hier fast ebenso streng wie die reformierten Kirchengemeinden selbst organisiert war, einen wirtschaftlichen Einflufs, wie es ihn nie wieder erreicht hat. Die Aufhebung des Edikts von Nantes verstreute alsdann die Hugenotten über ganz Deutschland, und überall, wohin sie kamen, pflanzten sie den Samen der Grofsindustrie. Durch sie kam Leben und Bewegung in die preufsische Volkswirtschaft, durch sie ein freierer Zug des Handels in die alten Reichsstädte. Wie grofs der Unterschied in Frankfurt zwischen den alten lutherischen Reichsstädtern mit ihrem Bürgerstolz und ihrer altväterischen Einfachheit einerseits, den luxuriösen, an grofse Verhältnisse und weitausgreifende Thätigkeit gewöhnten, aber hier nur geduldeten Reformierten andererseits war, das hat niemand anschaulicher geschildert als Goethe, den die Liebe zu Lilli in jene Kreise führte.

Diese reformierten Kolonieen, deren fördernder Einflufs auf Deutschlands wirtschaftliche, religiöse, gesellige und litterarische Kultur nie hoch genug anzuschlagen ist, zeigen uns Adors Geschäftsbücher in einem grofsen Zusammenhang weit über die Grenzen Deutschlands hinaus bis Liefland und Petersburg. Beinahe nirgends scheint der geschäftsmäfsige Betrieb der Goldarbeiterei in altdeutschen Händen gelegen zu haben, denn auch in den katholischen Gebieten entsprechen den Réfugiéfirmen des protestantischen Deutschlands italienische Namen. Durch diesen religiös-wirtschaftlichen Zusammenhang ward die beherrschende Stellung von Genf auf dem Felde der Edelmetallindustrie erst ermöglicht; und diejenige Stadt, welche in Deutschland bereits zu einer ähnlichen Stellung emporstrebte und dieselbe neben Pforzheim bis heute behauptet, Hanau, war ebenfalls eine streng reformierte Kolonie, beinahe eine kalvinistische Musterstadt. Erst das Pforzheimer Bijouteriegewerbe, das in seinen Anfängen ebenfalls ein Ableger von Genf war, hat sich von diesen Bahnen entfernt, und nicht zum mindesten deshalb, weil die hierher gezogenen Arbeiter umherschweifender Trofs, weit entfernt von der strengen Genfer und Hanauer Disciplin waren.

Aus diesen Arbeitern nämlich erwuchs neben und gegen die Adorsche Fabrik von 1775 an ein besonderer Stamm kleinerer Fabrikanten. Aus dem Waisenhause waren die Kabinettsmeister, deren jedem in der Regel zwölf Kinder zugewiesen waren, aus guten Gründen in die Stadt übersiedelt worden. Mit der Arbeit der Waisenkinder wollte es überhaupt nicht vorwärts; die meisten waren unfähig; die Auslagen an ihnen gingen verloren; um an diesen nichts einzubüfsen, hielt sich die Verwaltung an diejenigen, die etwas gelernt hatten, und behielt unbillig lange den von ihnen verdienten Lohn zurück — eine etwas bedenkliche Anwendung der Solidarhaft. Nur darin liefs sich der Ursprung der Pforzheimer Industrie aus dem Waisenhause noch lange erkennen, dafs sie eine starke Neigung zeigte, mit ganz oder halb geschenkten jugendlichen Arbeitern zu wirtschaften. Es blieb dies lange Zeit ein dunkler Punkt in Pforzheims Industriegeschichte. Einmal in ihren Privatwohnungen beschäftigt, liefsen sich die Kabinettsmeister nicht mehr kontrollieren; sie arbeiteten auf eigene Hand, was und wie es ihnen gefiel, und betrachteten die Fabrik nur als den Rückhalt, wenn sie sonst nicht Absatz fanden. Das ihnen anvertraute Gold war auch nicht immer bei ihnen sicher, zumal sehr bald jüdische Lombardgeschäfte von zweideutigem Rufe mit ihnen in verdächtige Verbindung traten. Solange die Fabrik herrschaftlich war, gab die Obrigkeit eine Arbeitsordnung nach der andern und eine strenger als die andere, aber sie waren in den Wind geredet, und Autran konnte mit einigem Schein Rechtens auf den Ungehorsam und den Schleichhandel der Arbeiter alle Unordnungen schieben.

Heute aber müssen wir sagen: wäre die Fabrik ein wohlgeordnetes Unternehmen gewesen, so würde sie aller Wahrscheinlichkeit nach nur ein so kurz vorübergehendes Dasein gehabt haben wie alle übrigen fiskalischen Werke jener Tage; ihrer Unordnung haben wir die Pflanzung einer grofsen Industrie zu danken. Die Frucht mufste verfaulen, damit der Samen keimen konnte. Karl Friedrich war sofort entschlossen, die Zustände, wie sie nun einmal geworden waren, auch anzuerkennen. Die früheren Kabinettsmeister erhielten die Konzession als selbständige Unternehmer und brauchten einstweilen die Vorschüsse, die sie in ihrer früheren Stellung erhalten hatten, nicht zurückzuzahlen; sie wurden aber bedeutet, dafs sie nun auch auf weitere Staatsunterstützung keinen Anspruch zu erheben hätten. Ador erhielt, um ihn einigermafsen vor der Unzuverlässigkeit der Seinigen zu sichern, nur die Zusicherung, dafs keiner seiner fortan austretenden Angestellten binnen drei Jahren sich in Pforzheim etablieren dürfe. Auch das war vergeblich; denn die Arbeiter oder auch der Buchhalter, sobald er die Geschäftsverbindungen kennen gelernt, gingen eine Meile über die Grenze nach Dürrmenz, bis sie nach Pforzheim zurückkehren durften. So war die Industrie, wenn auch dem Namen nach noch von Konzessionen abhängig, thatsächlich auf den Boden völliger Gewerbefreiheit verpflanzt. Man richtete sich mit diesem Zustand ein. Ador selbst sah bald ein, welchen Vorteil es für seinen grofsen Spekulationsbetrieb habe, durch die Beschäftigung der kleineren Kabinette je nach Bedarf seine Produktion auszudehnen oder einzuschränken, und jene lernten bei ihm ausländische Verbindungen anknüpfen.

Es entfaltete sich in Pforzheim ein buntes Leben. Es ging zu wie im Taubenschlage; von allen Seiten kamen unternehmungslustige Söhne der welschen Schweiz und Italiens, etablierten sich, versuchten sich eine Zeit lang und verschwanden nach einiger Zeit, oft mit Hinterlassung von Schulden. Der Wechsel der Firmen ist ein so rascher, dafs man ihn heute nicht mehr verfolgen kann. Eigentliche Bijouteriekabinette aufser der Fabrik Adors — dazu traten noch einige, die bei der Stahlarbeit zu bleiben versuchten — gab es i. J. 1776 nur neun, und darunter nur drei gröfsere mit 24, 15 und 12 Arbeitern; bald darauf sind es 21, später wieder einmal 16 und nur ein einziger alter Name begegnet unter diesen. Es ist dies der gleich anfangs eingewanderte Schweizer L'Artigue, seines Zeichens ursprünglich Graveur, ein Mann von feinem Geschmack, der erste, der in die Pforzheimer Industrie die Kunst eleganter Fassungen und feiner Gravuren eingeführt hat; denn die Fabrik Adors beschränkte sich auf Massenartikel, namentlich Ketten und Uhrschlüssel. L'Artigues Kabinett wird geradezu als die Hochschule des Geschmackes bezeichnet, und da es ihm nicht an Unternehmungsgeist fehlte, da er namentlich nach Frankreich mit gutem Gewinn Verbindungen anknüpfte, so schien nach Adors Weggange auf ihm die Hoffnung der Bijouterieindustrie zu stehen.

Es war sein Unglück, dafs er ein vielbegehrter Mann wurde. Die Fürsten beneideten sich damals die Goldarbeiter untereinander wie ihre Vorfahren zweihundert Jahre zuvor die Goldmacher. Württemberg suchte auf alle Weise Pforzheim seine neue Industrie abspenstig zu machen und sie nach der verunglücktesten der künstlichen modernen Städte, nach Ludwigsburg, zu ziehen. Dorthin war zuerst der unruhige Mezger mit 24 Arbeitern ausgewandert, aber bald gestorben; jetzt suchte man L'Artigue für eine noch zu errichtende grofse Staatsfabrik zu gewinnen. Karl Friedrich wollte sich ihn nicht entgehen lassen; das Oberamt stellte beweglich die drohende Gefahr vor, und zum erstenmal wieder liefs sich der Markgraf von seinem richtigen Grundsatz abbringen und gewährte L'Artigue einen bedeutenden Staatsvorschufs zur Errichtung einer grofsen Fabrik.

Die Folgen zeigten sich sofort. Der leichtblütige Mann fing an kostspielig zu bauen und kühn zu spekulieren; bald mufste er suchen, sich durch Überproduktion zu retten. In diesem Augenblicke brach die französische Revolution aus, und es zeigte sich, dafs Pforzheim nicht ungestraft sich auf einen internationalen Absatz eingerichtet hatte. Das grofse Weltereignis brachte auch für unsere Stadt die erste grofse Krise. L'Artigue fallierte 1789 und rifs viele anderen Firmen in seinen Fall mit hinein. Er suchte sich später wieder aufzuraffen, aber es gelang ihm in Pforzheim nicht, auch er verzog und verscholl.

Dieser unerwartete Sturz hatte wieder eine Veränderung im Verhalten der Regierung zur Folge. Man schrieb ihn der Gewerbefreiheit zu und beschlofs, fortan die Konzessionen aufs strengste zu handhaben. Noch vor kurzem war man der Ansicht gewesen: der Mifsstand, dafs viele Goldarbeiter der Ehrgeiz zur Unzeit treibe, sich selbständig zu machen, die dann mit ihren Waren auf die Messen der Nachbarschaft hausieren gingen, würde sich von selber heben, je mehr gröfsere Kapitalien sich dieser Industrie zuwendeten; alsdann werde die Konkurrenz der Arbeiter und der Zusammenflufs der Käufer einander gleich bleiben. Man hatte sich beglückwünscht, nach mancherlei kostspieligen Irrpfaden auf den richtigen Weg gekommen zu sein. Man hätte vielleicht in Karlsruhe diese Ansichten bewahrt, wenn nicht in Pforzheim selber die entgegengesetzten zum Durchbruch gelangt wären.

Es hatten sich unter dem Eindruck des letzten Schreckens die meisten Franzosen — die Engländer hatten sich schon beim Aufhören der Stahlwarenfabrikation verlaufen — aus Pforzheim entfernt. Die zurückgebliebenen Firmen, bereits gröfsere Häuser, schlossen sich an die deutschen Geschäfte an, deren damals zuerst einige ansehnliche entstanden; selbst aus den Reihen der alten Flöfserfamilien, die mifstrauisch und widerwillig auf die neuen Emporkömmlinge blickten, war die Familie Kiehnle zur Bijouterie übergetreten und hatte sofort einen ausgedehnten Grofsbetrieb eingerichtet.

Wenn Pforzheim bisher alle Schwächen einer industriellen Demokratie erfahren hatte, so sollte es nun auch diejenigen einer Aristokratie für eine kurze Zeit durchmachen. Die wenigen grofsen Firmen, es sind ihrer etwa sechs, waren entschlossen, keine kleinen Leute mehr aufkommen zu lassen, die ihrer Meinung nach ihnen nur das Geschäft und Pforzheim den Ruf verdürben. Sie stellten in oft wiederholten Denkschriften die Behauptung auf, dafs unbedingt zur Wahrung des Kredits bei einem so kostbaren Gewerbe ein bedeutendes Anlagekapital von nöten sei; sie verwahrten sich eifrig gegen jede Konzession an Leute, die nur geschickte

Arbeiter seien, aber nicht kaufmännische Bildung besäfsen; und zuletzt erhoben sie sogar den Anspruch, dafs in Zukunft jeder, der ein neues Kabinett eröffnen wolle, sich einer Prüfung unterziehen solle, die mit der Lieferung eines Probestückes zu verbinden sei. So völlig hatten sie ihre eigene Herkunft als Kaufleute und Flöfser vergessen!

In Karlsruhe folgte man schlechthin dem „sachverständigen" Urteile dieser so durchaus achtbaren Geschäftsleute, die sehr zu ihrem Vorteil von der Mehrzahl ihrer Vorgänger abstachen. Man gab keine weiteren Gewerbescheine aus und war nahe daran, auch jene letzte Forderung zu bewilligen, denn unter den Räten des Monopolfeindes Karl Friedrich gab es doch etliche Juristen, die da bedauerten, „dafs zur Zeit noch keine ordentliche Zunft bei den Goldschmieden eingerichtet werden könne". Da nun bekanntlich reiche Fabrikanten, wenn nicht der ganze Geist ihrer Umgebung kaufmännisch ist, sich gern vom Risiko der Geschäfte im Alter zurückziehen, so verminderte sich die noch vorhandene Anzahl der Firmen, und der Zeitpunkt war vorauszusehen, in dem die Pforzheimer Industrie vor lauter Solidität aufhören würde.

Es war hohe Zeit, dafs Wandel geschafft wurde, und dies konnte nur geschehen durch eine veränderte Haltung der Regierung. Ein hochbegabter Verwaltungsbeamter, Obervogt Baumgärtner, eröffnete in den letzten Jahren des alten, den ersten des neuen Jahrhunderts die Bahn, auf der Pforzheim rasch vorwärts schreiten sollte. Baumgärtner erkannte zuerst wieder die eigentümliche Natur dieses Fabrikationszweiges. Gegen die monopolistischen Absichten fast sämtlicher vorhandenen Industriellen, gegen ihre durch ihr eigenes Beispiel widerlegte Forderung des Prüfungszwanges wendet er ein: die Unternehmer seien in erster Linie Kaufleute, sie müfsten wohl jede vorkommende Arbeit zu beurteilen verstehen, sie müfsten jeden geschickten Arbeiter an seine Stelle zu setzen wissen, aber weiter brauchten sie vom Goldschmiedehandwerk nichts gelernt zu haben; hier eine Zunft einzuführen und nur den gelernten Goldschmied zuzulassen, würde den langsamen Tod dieser wie jeder anderen Fabrikation bedeuten. Gebe es doch bei der in Pforzheim üblichen Arbeitsteilung gar kein besonderes Goldschmiedehandwerk; sondern mehrere Künste, die des Graveurs, Guillocheurs, Emailleurs, der Polisseuse, die alle nichts mit dem eigentlichen Goldschmied gemein hätten, müfsten sich mit seiner Arbeit vereinigen, und in der Fabrik habe jeder Arbeiter sein eigenes Fach, in dem er sich vorzügliche Geschicklichkeit erwerbe, während in jeder andern Art von Arbeit seine Kunst sehr gering sei. Wolle man etwa auch alle Hülfsgewerbe einer Prüfung unterwerfen? Oder auch den Geschmack prüfen, der doch für den Fabrikanten mindestens ebenso wichtig sei wie die mechanische Fertigkeit? Schonungslos enthüllt er die wahren Beweggründe der Bittsteller: Nachdem sich jetzt ein gediegener, einheimischer Arbeiterstand herangebildet hat und viele in demselben Talent und Lust zur selbständigen Geschäftsführung zeigen, gilt es, dieselben bald mit diesem bald mit jenem Mittel zurückzuhalten. „Aber", so erklärt er, „zum Aufkommen der Fabriken wird es hauptsächlich gereichen, wenn jeder Arbeiter auch Hoffnung hat, sich seinen eigenen Herd zu errichten und für sich selbst zu arbeiten, wohingegen es ihn mifsmutig machen und niederschlagen mufs, wenn er die Hoffnung hierzu aufzugeben genötigt ist."

Unbekümmert um die Widersetzlichkeit, um die lauten Klagen der Fabrikanten: man sehe selbst Maler, ja sogar einen Kuhhirten sich als Bijoutiers etablieren, um ihre offenen Drohungen mit Wegzug und um düstere Anspielungen: das Oberamt werde noch eine Revolution wie die Frankreichs in Pforzheim heraufbeschwören, führte Baumgärtner die volle Gewerbefreiheit durch. Er hatte eingesehen, dafs, gerade weil der kostbare Stoff seinen Kapitalwert behält und der Formwert ganz von der Geschicklichkeit der bearbeitenden Hand abhängt, in dieser Industrie es auch dem Mittellosen, wenn er nur mit Kunst- und Handelsgeschick begabt ist, leichter als in anderen wird, sich eine selbständige Stellung zu schaffen. Aber selbst einem Diebe, den niemand mehr in Stellung nehmen wollte, gab er die Erlaubnis, auf eigene Rechnung zu arbeiten: „der Mann solle zeigen, ob er sich noch ehrlich ernähren könne", antwortete er.

Binnen zwei Jahren konnte Baumgärtner sehen, dafs seine Grundsätze durchgedrungen waren. „Zuerst gewann ich den Stadtrat und die Bürgerschaft für die Sache", schrieb er 1800 an den Markgrafen, „dann auch mehrere Fabrikanten, erstere durch gründliche Belehrung von der bevorstehenden Gefahr, letztere durch Anreizung ihres Ehrgefühls, und von dem Starrsinn der übrigen war nun wohl nicht mehr viel zu befürchten, da Ew. Durchlaucht mich auf das beste unterstützten und sie durch nachdrückliche Verfügungen zurechtwiesen." Es war, als ob eine lange gefesselte Kraft sich auf einmal nach allen Seiten ausdehnen könne. Nicht nur die Anzahl der Kabinette, sondern auch ihre Bedeutung vermehrte sich zusehends. Neben die grofse Kiehnlesche Fabrik traten mehrere von gleichem Umfang, so die Dennigsche; und die Geschäfte gingen so gut, dafs, als sich 1799 die Firma Kiehnle und Bohnenberger in zwei Geschäfte trennte, sie sich über 200000 Gulden reinen Geschäftsgewinn, der binnen sechs Jahren gemacht war, auseinanderzusetzen hatte. Die Anzahl der Kabinette hatte sich um Zweidrittel, bis auf

27 vermehrt; zusammen mit den Uhrmachern und den selbständigen Hülfsarbeitern, Graveurs, Glasschleifern, Maschinenmachern gab es bereits 78 Betriebe mit 789 Arbeitern, zwei Jahre darauf waren es schon über 1000; und rascher noch, fast um das Doppelte, vermehrten sich die Einnahmen aus den Konsumtionssteuern, das deutlichste Zeichen für den wachsenden Wohlstand.

Die Regsamkeit war mindestens ebenso grofs wie vor 1789, ihre Grundlage aber weit solider. Binnen der sechs Jahre der Baumgärtnerschen Verwaltung war kein Bankerott vorgekommen, obwohl der Krieg mit Frankreich, das in der luxuriösen Zeit des Direktoriums sofort wieder der Hauptabnehmer geworden war, plötzlich zwei der wichtigsten Märkte, Frankreich selbst und Holland, verschlossen hatte und grofse Hamburger Falliments auch Pforzheim starke Verluste bereitet hatten. (Ein Haus verlor 20000, ein anderes 11000, ein drittes 6000 Mark Banco.) Aber wenn auch die Zukunft hin und wieder einen Bankerott bringen solle — so warnte Baumgärtner im voraus — möge man sich dadurch nicht vom richtigen Wege ablenken lassen, vor allem kein Mifstrauen gegen die kleinen Kabinette schöpfen, denn „ohne dafs vorher kleine Kabinette gewesen sind, werden wir nur selten grofse bekommen".

Mächtig hob sich in diesen Tagen das Selbstbewufstsein der Pforzheimer. Schon nannten sie ihre Stadt Klein-Genf. Das sei ein guter Sporn meinte ihr Obervogt; denn wie weit sei es noch dahin, bis sie diesen Namen wirklich verdienten, bis sie sich mit Genf, wie es vor der Revolution gewesen war, vergleichen könnten. Schon dieser Gedanke allein beweise, wie kleinlich es wäre, wenn man einer unbegrenzten Vermehrung der Bijouteriefabriken entgegenarbeiten und ihr Grenzen setzen wollte.

Es war nicht sowohl eine besondere technische Geschicklichkeit, deren sich die Pforzheimer Goldarbeiter damals zu rühmen gehabt hätten, als vielmehr ein ausgezeichneter Handelsüberblick, was nächst der Gewerbefreiheit den Aufschwung ermöglichte. Die kleinen Kabinette, soweit sie nicht auf Bestellung gröfserer arbeiteten, hatten ihren Absatz vornehmlich bei den zahlreichen Bijouteriehändlern Süddeutschlands, die sie selber in Pforzheim aufsuchten. Fast alle selbständigen Bijoutiers besuchten die Frankfurter Messe, die noch immer den Centralpunkt des deutschen Handels schon deshalb bildete, weil hier die gröfseren Zahlungen ausgeglichen wurden.

Aber schon machten sich Zeichen geltend, dafs bald der Mefsverkehr seine alte Bedeutung für die Grofsindustrie einbüfsen werde. Gleichzeitig mit der Durchbildung der Maschinenarbeit, die eine ungeahnte Massenproduktion, zumal in den ausschlaggebenden Textilzweigen hervorrief, bildeten die Engländer den Geschäftsbetrieb mit Handlungsreisenden aus. Schmerzlich empfand die Kalwer Compagnie, dafs es nicht mehr genüge, auf den Messen von Bozen und Sinigaglia achtunggebietend aufzutreten, um den Verkehr zu beherrschen. Die Pforzheimer Fabrikanten aber sahen sofort ein, was diese vielgeschmähte, von den wirtschaftlichen Reaktionsparteien bis heute bekämpfte Form der Handelsverbindungen für sie bedeute. Hatte der Engländer neben dem wohlverdienten Ruf der Solidität auch den Vorteil für sich, überall seinesgleichen anzutreffen, so stand dem Deutschen der auf die Dauer noch wichtigere zur Seite, dafs er sich in jede Volksart leicht eingewöhnt, jede fremde Sprache sicher beherrscht und — was für den Bijoutier fast das Wichtigste — jeden noch so seltsamen Geschmack rasch auffafst, wenn er auch innerlich darüber spotten mag.

Nur durch die Schlagfertigkeit dieser neuen Organisation gelang es, den Verlust der bisher wichtigsten Märkte rasch zu verwinden, und selbst die Vernichtung des Einflusses der Schweiz, der bisher in der Bijouterieindustrie geherrscht hatte, durch die Revolution war für Pforzheim ein Vorteil. Seine Industrie kämpfte sozusagen mit plötzlich umgewandter Schlachtordnung. Leipzig und Hamburg, zugleich die beiden Stützpunkte des englischen Handels nach dem Binnenlande, wurden für sie jetzt die Hauptplätze, Rufsland, Dänemark und Schweden die Abnehmer. Und schon zeigte sich jener naive Stolz auf eine Thatsache, die in Wirklichkeit für die Deutschen ein beschämender Vorwurf hätte sein sollen: auch nach England rühmte man sich eines starken Absatzes solcher Waren, die als englische dann weiter gingen.

Die glänzende Zukunft, der das Pforzheimer Bijouteriegewerbe schon damals entgegenzugehen schien, machte es um so fühlbarer, dafs die mit ihr ursprünglich vereinigte Schwesterindustrie, die Uhrenfabrikation, gar nicht vorwärts wollte. Sie war einst auf solideren Grundlagen aufgebaut gewesen als die Quincailleriefabrik; die beiden Schweizer Christin und Viala, die sie leiteten, waren durchaus zuverlässige Leute, und dasselbe konnte man von den später eintretenden Gesellschaftern sagen. Der Unterricht der Waisenknaben hatte recht gut angeschlagen, und es fand keinerlei Schwierigkeiten, dafs sich dieselben mit eigenen Kabinetts etablierten, so dafs neben der Fabrik nach und nach 32 solcher entstanden; darunter gehörten, ganz im Gegensatz zur Goldarbeiterei, 25 Pforzheimer Bürgerskindern. Aber es war, als ob der kleinbürgerliche Geist sich auch aus diesem Gewerbe nicht bannen liefs. Die exakte Arbeitsteilung, welcher der Jura seine Erfolge dankte und die man doch in der Goldarbeiterei vor Augen sah, wollte sich hier gar nicht einbürgern, und die Arbeit blieb mittelmäfsig, obwohl einige hübsche Echappements ersonnen wurden. Mit den ausländischen Verbindungen versuchte man es nur in der Weise, dafs etwa einer der Unternehmer mit ein paar Kisten voll Uhren eine Reise nach Amsterdam machte, deren Kosten den Gewinn aufzehrten. Es war einmal eine ausnahmsweise günstige Konjunktur, dafs im Kriege die durchmarschierenden kaiserlichen Truppen Lust verspürten, sich mit solchen unerhörten Kunstwerken zu versehen; denn auch die Österreicher fingen an zu lernen, dafs es im Leben gut sei, mit der Zeit zu rechnen. Jedoch dieser Glücksfall ward nicht benutzt, um dauernde Verbindungen mit den Donauländern anzuknüpfen. Wie anders haben in jener Zeit die Schwarzwälder verstanden, ihre Holzuhren überall an- und unterzubringen!

Auch die Behörden sahen mit Gleichmut auf diese Unbeweglichkeit. Schon 1781 hiefs es bei ihnen: „Wir haben übrigens der Fabrik niemals mehr zugetraut, als was sie denn bisher auch geleistet hat, nämlich dafs sie den ihr anvertrauten Fonds erhalte (von Verzinsung sah man ab), die Unternehmer ernähre, immer 12—15 Lehrlinge unterrichte, eine gewisse Anzahl Arbeiter beschäftige und damit Handel und Wandel in Pforzheim befördern helfe." Selbst diese bescheidenen Wünsche sollten bald vereitelt werden. Die französische Revolution, welche die Schweizer Goldarbeiterei so tief geschädigt hatte, spornte die Uhrmacherei, ohne welche die Bevölkerung des Jura eben nicht bestehen kann, zu verzweifelten Anstrengungen. Der überseeische Absatz, eine so sichere Quelle des Wohlstandes, dafs man bisher den binnenländischen etwas vernachlässigt hatte, war vernichtet; so mufste man suchen, wenigstens in Europa jede Konkurrenz totzuschlagen. Der Markt ward mit Schweizer Uhren, guten und schlechten, überschwemmt, die Preise herabgedrückt: die Pforzheimer Uhrmacher wurden brotlos, als vollends Maschinenarbeit eingeführt wurde und den Preis der silbernen Uhr auf drei Thaler drückte.

Hier zeigte sich, dafs Baumgärtner weit entfernt von allem Doktrinarismus war. Er war keineswegs gesonnen, die Uhrenfabrikation so ohne weiteres verscheiden zu lassen. Wieder traf er den springenden Punkt; es komme hier ganz auf dasselbe an wie im Holzhandel, wo ihm soeben die Wiedererrichtung des Flöfsvereines gelungen war, meinte er, und er hoffe auch hier auf gleichen Erfolg. Er schlug eine Centralisation des Handels in einem Uhrencomptoir, bei dem die einzelnen Kabinette sicheren Absatz finden, vor. Er war zunächst der Meinung, dafs dasselbe durch Association der Unternehmer selber gebildet werden könne; aber es war ihm ein kläglicher Beweis vom Rückgang der Uhrenindustrie, dafs sämtliche zweiunddreifsig kaum für 10000 Fl. Garantie aufbringen konnten. Das Pforzheimer Kapital war durch die rasche Ausdehnung des Holzhandels in Anspruch genommen und der Obervogt wünschte daher eine staatliche Beihülfe. Schon wiederholt hatte er, da Baden an reichen Privatleuten noch vollständig Mangel litt, Vorschläge zur Errichtung einer Bank gemacht, die wenigstens einen Teil ihres Profits zur Unterstützung der Industrie gegen gebührende Sicherheit verwenden solle; aber in jenen stürmischen Jahren war an eine Ausführung solcher weitgreifenden Pläne nicht zu denken. Nur eine geringfügige Beihülfe konnte gewährt werden. Auch mit diesen 5000 Fl. brachte der unermüdliche Mann, der überall selber zum Rechten sah, zu stande, was nur möglich war. Er veranlafste die kleinen Meister für die Fabrik zu arbeiten, er vermittelte die Verbindungen mit Bayern und Österreich, da die Frankfurter Messe doch verloren sei; er veranlafste, dafs die Bijouteriehändler auch Pforzheimer Uhren in Kommission nahmen, und beförderte deshalb, und um die verfallende Technik zu heben, die Herstellung guter, echtgoldener Uhren.

Auch eine letzte Möglichkeit, doch noch ohne Staatsunterstützung zu einem Uhrencomptoir zu kommen, zeigte sich. Eine jüdische Handlung, die sich lange um die Konzession zum Betrieb einer Bijouteriefabrik beworben, versprach ein solches einzurichten, wenn es auch jene erlange. Aber Baumgärtner wollte zu diesem Ausweg nicht raten. Die blofse Aussicht, dafs Juden in den Kreis der Fabrikation eindringen könnten, hatte einen wahren Tumult unter Fabrikanten, Arbeiter- und Bürgerschaft hervorgerufen. Der Obervogt selber glaubte eine Ausnahme von seinen Grundsätzen hier gerechtfertigt. Seit Jahrhunderten hatten die Pforzheimer Juden sich nur im Viehwucher frei ergehen können, und dafs sie seit kurzem auch Kehricht- und Lombardgeschäfte eingerichtet, hatte ihre geschäftliche Zuverlässigkeit nicht gerade erhöht. Einmütig erklärten die Fabrikanten, durch das Eindringen der Juden würden ihnen ebenso die Preise wie der Kredit verdorben werden, und gleichzeitig beteuerten die Arbeiter: die Gefahr, dafs ihnen die Arbeitslöhne verstümpelt würden, sei dringend. Baumgärtner selber, der mehrfach wohlerwogene Pläne zur Neuorganisation der Judenschaft ausgearbeitet hatte, glaubte sie vom vollen Genufs der Gewerbefreiheit ausschliefsen zu müssen und berief sich darauf, dafs selbst Kaiser Joseph II gegen den unüberwindlichen Widerstand der öffentlichen Meinung in diesem Punkte hatte zurückweichen müssen. Wir aber werden heute sagen: die volle bürgerliche Gleichberechtigung hätte die Voraussetzung für die gewerbliche sein müssen. Der Jude mufste erst aus seinem amphibischen Zustande heraustreten und die Luft politischer Freiheit atmen, um auch zu einer besseren Geschäftsmoral zu gelangen; und dann mochte man es auf das Zusammenhalten aller soliden Leute ankommen lassen, um den Gefahren einer illoyalen Konkurrenz vorzubeugen.

So blieb auch diesmal das Uhrencomptoir Projekt. Es würde auch nichts geholfen haben, denn es war vergebliche Mühe, in diese sinkende Industrie Leben zu bringen. Sobald Baumgärtner aus Pforzheim versetzt war, hörte sie auf. Aus den Kabinetts wurden die gewöhnlichen Reparaturwerkstätten, oder ihre Inhaber gingen zu den Hülfsgewerben der Bijouterie über.

Als Baumgärtner seinen bisherigen Wirkungskreis verliefs, konnte er berichten, dafs nun bereits die ersten überseeischen Verbindungen angeknüpft seien; nach kurzer Zeit aber sollten die von ihm beobachteten Grundsätze noch einmal hart auf die Probe gestellt werden. Es brach über die deutsche Industrie, die sich in der letzten Hälfte des 18. Jahrhunderts schon aufs reichste entwickelt hatte, die schlimmste Katastrophe herein. Das Volk sollte lernen, dafs eine dauernde ökonomische Blüte nur möglich ist, wenn sie von dem Boden eines mächtigen Staatswesens genährt wird.

Das trügerische Gebilde des Rheinbundes verschaffte nicht einmal seinen Mitgliedern untereinander, geschweige denn gegen den Protektor Verkehrsfreiheit. Er hatte nur eine handelspolitische Aufgabe, das Kontinentalsystem Napoleons zu verbürgen, und konnte der Industrie keine Rettung bringen. Als auch Hamburg zur französischen Stadt erklärt wurde, um England in seiner besten Stütze zu treffen, ward Pforzheims Industrie tödlich verwundet. Eine Reihe von Fabriken stürzte zusammen, die wenigen übrigbleibenden schränkten ihren Betrieb derartig ein, dafs kaum noch der zehnte Teil der früheren Arbeiterzahl Beschäftigung fand; sie setzten nur in Hoffnung besserer Zeiten das Geschäft fort.

Was aber sollte aus den Hunderten von brotlosen Arbeitern werden? Die minder ausgebildeten kamen natürlich im Ackerbau und sonst hie und da unter; aber für die alten Kabinettsmeister, Männer mit den besten Zeugnissen, von anerkannter Geschicklichkeit, lag die Sache so, dafs sie nur hoffen konnten, etwas zu erwerben, wenn sie sich selber etablierten. Noch hatten sie ihre Ersparnisse in der Hand; sie jammerten, dafs sie gezwungen würden, dieselben unthätig zu verzehren. Denn schon im Jahre 1808 hatten die Vorstellungen der Fabrikanten gegen weitere Konzessionen wieder begonnen, und bald lieh ihnen sowohl der Stadtrat wie das Oberamt williges Gehör. Diese Behörden machten beim Ministerium geltend: „Es ist von der gröfsten Wichtigkeit, die Fortdauer dieser Fabriken zu sichern und wenigstens ihren Stamm zu erhalten, wenn er auch noch so unbedeutend sein sollte; aber nur die reichen Unternehmer sind dazu fähig, und auch diese nur in dem Falle, wenn man die Konkurrenz anderer Fabriken sowenig als möglich zuläfst", ja, man beschwört unablässig die Oberbehörde: „nur feste Grundsätze gegenüber den zudringlichen Behelligungen der Bewerber um die Erlaubnis!"

Feste Grundsätze — sonst ein rarer Artikel in der Rheinbundszeit — hatte man zum Glück in Karlsruhe; aber es waren, dank dem Einflufs Baumgärtners, die alten. „Gerade darum" — so lautete der Endbescheid — „weil die Arbeiter wegen der Einziehung vieler Kabinette nicht mehr ihre Nahrung finden und sie als verheiratete Staatsbürger solche von ihrer erlernten Profession doch zu fordern haben, mufs ihnen das Arbeiten auf eigene Hand erlaubt werden, und ist es lediglich ihre Sache, wie sie sich fortbringen." In der That richteten sich diese Leute leidlich mit den Verhältnissen ein; sie fabrizierten billigen Bauernschmuck, ihre Frauen errichteten Putzläden und bezogen mit ihrer und ihrer Männer Arbeiten die Messen oder trugen sie auch in vornehme Häuser zum Verkauf. Eine notleidende Industrie kann sich auch einmal aufs Hausieren verlegen, ohne innerlich Schaden zu leiden, während dies für das Handwerk der Tod ist; denn jene sucht den Markt, dieses wartet auf die Bestellung.

Man sieht: auch die Arbeiter waren andere geworden als jene leichtfertigen und leichtbeweglichen Franzosen, die zuerst in Pforzheim ihren Einzug gehalten hatten. Es war längst eine deutsche Arbeiterschaft herangewachsen, die jeder technischen Anforderung genügte. Die alte Anschauung aber, dafs die Goldarbeiter eine besondere Kolonie in Pforzheim bildeten, die mit der übrigen Bürgerschaft nichts gemein habe, war noch nicht überwunden. Bei der Pflanzung von neuen Industrieen war es im vorigen Jahrhundert allgemein üblich, wie es einst schon im Mittelalter bei Bergwerken und Eisenhütten der Brauch gewesen, dem gesamten Fabrikpersonal zuzusichern, dafs es von den bürgerlichen Lasten befreit sein solle. Vollständige Freizügigkeit, nur vorausgesetzt, dafs zuvor alle Schuldverbindlichkeiten erfüllt seien, Erlassung des Pfundzolles und der Accise, bisweilen auch der Schatzung, Zusicherung eines besonderen Gerichtsstandes unter dem eigens dazu verordneten Beamten der Herrschaft — das schienen für das Wohlergehen einer industriellen Bevölkerung notwendige Voraussetzungen.

Sie waren es, solange es sich um unstete, beinahe nomadenartig wandernde Kolonieen handelte, wie sie seiner Zeit Autran angeworben hatte. Wenn diese aber festen Fufs gefafst hatten, wie viele Mifsstände ergaben sich dann aus der Trennung von den Bürgern der neuen Heimat! Die Regierung wollte den Unterschied bald verwischen, die Arbeiter sahen nur wenig später hierin ebenfalls ihren Vorteil, nur die Bürgerschaft selber wehrte sich hartnäckig gegen die unliebsame Erweiterung. Unüberwindlich schien das Mifstrauen, das diese Bevölkerung, die sich seit Jahrhunderten in gleichmäfsig abgemessenen Bahnen bewegte, gegen den Eindringling empfand; und selbst die Strafsenjugend gab ihm Ausdruck im lustigen Liedchen, das die Flöfsertochter warnte, ins Goldschmiedshaus zu heiraten, denn die Herrlichkeit werde nicht von langer Dauer sein.

Selbst der Stadtrat verwendete sich nur aus dieser selbstsüchtigen Gesinnung für die Zollfreiheit der Arbeiter, „denn", so erörterte er, „es ist ein Vorzug, dafs sie alles, was sie hier verdienen, auch hier wieder durchbringen". Ihr Gewinn käme doch in erster Linie den Kaufleuten und Handwerkern von Pforzheim zu gute, und durch diese auch wieder dem Staate. Die Verschwendung namentlich der französischen Frauen — bis auf den heutigen Tag ist die Pariser Haube der Frau L'Autique in Pforzheim, sprichwörtlich geblieben — erschien den eigentlichen Pforzheimern viel günstiger, als dafs sie nach Italiener Art gespart hätten, um zuletzt mit einem hübschen Sümmchen in die Heimat zurückzukehren.

Besser begründet war die Sorge, die bis in jüngste Zeit der Stadtverwaltung mancherlei zu schaffen gemacht hat: wie es mit der Armenunterstützung so vieler zuströmenden Fremden zu halten sei, deren Mehrzahl eben doch von der Hand in den Mund lebte? Nicht als ob man wirklich die Lösung dieser schwierigen Aufgabe in die Hand genommen hätte — man hielt sie einfach von sich fern. Nur zur Unterstützung ihrer Bürger war die Stadt verpflichtet, und wenn auswärtige Goldarbeiter einzogen, so konnten sie zwar leicht die Heiratserlaubnis erlangen, mufsten dabei aber ausdrücklich auf das Bürgerrecht und auf alle Armenunterstützung im voraus verzichten. In Notzeiten erschien diese Abstinenzpolitik sogar als besondere Weisheit. Selbst dafs auch die fremden Fabrikanten nicht Bürger geworden waren und dem Gemeindeleben fernstanden, schätzte der kleinbürgerliche Geist als Vorteil. Erst im Jahre 1814, als sich der bekannte Mechaniker Öchsle, der sich schon zwanzig Jahre ohne Bürgerrecht in Pforzheim aufgehalten hatte, etablierte, erhob der Stadtrat die Forderung, dafs er, und in Zukunft jeder Fabrikant, auch Bürger werden müsse.

Eine andere Rücksicht noch bestimmte den Stadtrat, dem sich das Oberamt, aufser in der Zeit Baumgärtners, fast immer anschlofs, zu seiner feindseligen Haltung gegen die fremden Arbeiter. Zur Beschäftigung der Waisenkinder war diese ganze Industrie ursprünglich eingeführt; und allen blieb es eine ausgemachte Sache, dafs es als ein Hauptvorteil der

Bijouteriefabrikation zu betrachten sei, dafs sie den Kindern der armen Bürger, welche nicht einmal die Kosten einer Handwerkslehrzeit aufbringen konnten, Nahrung verschaffe. An diesem Vorteil, der ihr einen guten Teil ihrer Armenlast abnahm, wollte die Bürgerschaft möglichst wenig Auswärtige teilnehmen lassen. Wie weit entfernt von den einfachsten Grundsätzen der wirtschaftlichen Selbstbestimmung eines Volkes waren doch damals selbst aufgeklärte Regierungen! Noch im Jahre 1807 — es waren die Tage, da in Preufsen der kühne Geist und die eiserne Hand des Freiherrn von Stein endlich alle künstlichen Schranken zwischen den Ständen zerbrach — erlangten die Pforzheimer Behörden von der Regierung ein Reskript des Inhalts: „Allerdings seien die Söhne der Landleute zunächst auch wiederum zum Bauernstand bestimmt, und ihre Konkurrenz in Gewerben sei dem Bürgerstande sehr hinderlich. Auch vermute man, dafs der Übergang von Bauernsöhnen aus der Gegend um Pforzheim zur Bijouteriearbeit nur den Zweck habe, sich vom Militärdienst loszumachen, und deshalb solle den sämtlichen Fabrikanten auferlegt werden, dafs sie keinen Landmannssohn mehr in die Lehre annehmen dürfen, der nicht vorher die Erlaubnis zur Erlernung ihrer Kunst in Karlsruhe ausgewirkt habe, wo alsdann nach den eintretenden Umständen das Gesuch bewilligt oder abgeschlagen werden könne."

Die „Umstände" waren mächtiger als solche kleine Vorsorge-Mafsregeln. Jedesmal, dafs die Pforzheimer Industrie einen grofsen Aufschwung nahm, suchte sie die billigen Arbeitskräfte der dichtbevölkerten Umgegend heranzuziehen; in den vierziger Jahren hatte sich der Umkreis, aus dem ihr jugendliche Arbeitskräfte zugesandt wurden, schon bis Bühl und Achern ausgedehnt. Die Ausbildung des Eisenbahnnetzes hat dann den halb ländlichen Charakter der Pforzheimer Arbeiterschaft dauernd entschieden; und heute sieht wohl jedermann eben in dieser früher bekämpften Thatsache einen der günstigsten Umstände.

Was eigentlich die Bauern so ausnehmend anzog, ihre Kinder den Fabriken zu übergeben, das lag ganz klar zu Tage. Es war keineswegs die Furcht vor dem Militärdienst, sondern einfach die Thatsache, dafs sie dieselben hier mühe- und kostenlos unterbringen konnten. Während die Politik der Handwerker noch immer darauf hinauslief, den Kreis, aus dem sie ihren Nachwuchs ergänzten, auf sich selber einzuschränken, während bei ihnen die Lehrzeit noch immer absichtlich verteuert wurde, bekam der Fabriklehrling von Anfang an einen wenn auch geringen Lohn; er sah nach einigen Jahren, die nicht länger als die Handwerkslehrzeit dauerten, denselben sich erhöhen, je nach der Geschicklichkeit, die er sich erworben hatte, und es schwebte ihm — war er nur sonst ehrgeizig und begabt — das Ziel vor Augen, das nach Baumgärtners für jene Zeit zutreffender Bemerkung der Lebensnerv alles Fabrikwesens ist: die Möglichkeit, ohne alle Belästigung sich selbständig zu machen.

Das sind in Deutschland trotz alles Privilegienwesens geradeso wie in England die treibenden Mächte der Industrie gewesen, welche ihr trotz alles Widerstrebens immer mehr Boden im Volke verschafft haben: der Lehrlingslohn, der Stücklohn, der Wegfall der Zunftschranke. In Pforzheim gab der Fabrikant ums Jahr 1800 dem Lehrjungen während der drei bis vierjährigen Lehrzeit ein wöchentliches Kostgeld von 1 Gulden bis 1 Gulden 12 Kreuzer, am Ende der Zeit kam ein sogenanntes Trinkgeld hinzu, und da in jenen Zeiten die Arbeitszeit nicht sehr streng bemessen war, konnte im letzten Jahre der Bursche auch Arbeit in den Feierstunden, die ihm wie dem ausgelernten Arbeiter vergütet wurde, anfertigen. Die Lebensgewohnheiten waren sehr einfach: wurden doch, sobald das Obst reifte, alle Kosttische gekündigt, weil sich der Lehrling dann ausschliefslich an Apfel und Zwetschgen hielt; es wird so oft und von so glaubwürdiger Seite versichert, dafs die Burschen von diesem Lohn, der sich auch nach den Befreiungskriegen nicht änderte, noch ihren Eltern freiwillig etwas zukommen liefsen, dafs wir dem wohl Glauben schenken müssen.

Aber auch mannigfaltige Schwierigkeiten erwuchsen aus diesem immerhin leidlichen Zustande. Es handelte sich um wirkliche Lehrlinge, welche die verwickelte Technik einer Kunst, in der es auf die äufserste Genauigkeit ankommt, zu erlernen hatten; es mufste deshalb auch ein mehrjähriger Lehrkontrakt geschlossen werden. Die Sorge, dafs die Arbeitsteilung, der Pforzheims Industrie ihre Leistungsfähigkeit verdankte, die vollständige Ausbildung des eigentlichen Bijoutiers verhindere, war nicht so grofs, als sie scheinen mochte, da die Natur der Fabrikation ein Aufsteigen zu immer feinerer Arbeit mit sich brachte. Viel wichtiger war ein anderer Umstand: der Handwerkslehrling lernte, um Meister zu werden, der Fabriklehrling mit geringen Ausnahmen, um Arbeiter zu bleiben. Sein Meister war demnach auch gar nicht der Fabrikant — höchstens in kleinen Kabinetten war dies der Fall —, sondern ein älterer Arbeiter. Keinerlei persönliches Band knüpfte den Lehrling an seinen Brotherrn; seiner socialen Stellung nach war er nur ein jugendlicher Arbeiter, der aufserhalb der Arbeitsstunden sehen mochte, wie er unterkam, was er trieb. Es ist kein Wunder, dafs in demselben Mafse, wie in Pforzheim die Klagen über die eigentlichen Arbeiter verstummen, die über die Lehrlinge wachsen. Die Besserung dieser Zustände ist das Werk einer späteren Zeit, ermöglicht durch das Zusammenwirken des Oberbürgermeisters Zerrenner, des Oberamtmanns Fecht und einer Reihe einsichtiger und wohlwollender Fabrikanten.

Schon anfangs konnte ein scharfes Auge sehr wohl wahrnehmen, dafs der wohlverstandene Vorteil der Industriellen selber eine sittliche und geistige Hebung der Lehrlingsschaft erfordere. Es war keine übermäfsige Forderung, dafs der Lehrling im letzten Lehrjahr den Vorschufs, der ihm thatsächlich in den ersten Jahren geworden war, abverdiene, aber wo jedes sittliche Band fehlte, erschien diese Verpflichtung oft genug nur als Last. Die Versuchung, ihrer ledig zu werden, lag nur zu nahe. Auch in der Reichsstadt Schwäbisch-Gemünd war eine Bijouterieindustrie emporgewachsen, aber sie genofs keines besonders guten Rufes in Deutschland. So bekannt war die Unzuverlässigkeit ihrer Waren, dafs Goethe ohne weiteres, um allen falschen und erschlichenen litterarischen Ruhm mit einem treffenden Bilde zu kennzeichnen, in den Xenien sagte:

„Bist du Gemündisches Silber, so fürchte den schwarzen Probierstein."

Lehrlinge zogen die Gemünder wenig, aber auch teure Arbeitskräfte konnten sie für ihre minderwertige Ware nicht bezahlen; so suchten sie denn diese Last auf die benachbarte Pforzheimer Industrie abzuwälzen. In manchen Zeiten wurde das Ausreifsen nach Schwäbisch-Gemünd geradezu epidemisch. Man behauptete in Pforzheim, die jungen Leute würden in Gemünd absichtlich zu Ausschweifungen veranlafst, um sie anzulocken. Das ist gewifs übertrieben; aber welcher Geist als der der Ausschweifung konnte in einer so zusammengesetzten Arbeiterschaft walten! Man wünschte im Jahre 1805 in Pforzheim rigorose Vorkehrungen: die Lehrlinge sollten in Anwesenheit des Geistlichen beim Antritt der Lehre mit einem körperlichen Eide verpflichtet werden, und zugleich — eine schöne Zusammenstellung! — sollte ihnen Konfiskation des Vermögens und mehrjährige Zuchthausstrafe angekündigt werden, wenn sie ohne Erlaubnis die fürstlichen Lande verliefsen.

Eine Regierung, die rastlos der völligen Freizügigkeit Bahn gebrochen und eben damals an dem Gesetzbuch arbeitete, das die Rechtsgleichheit durchführen sollte, konnte solchen Forderungen natürlich nicht nachgeben. Sehr verständig entschied das Ministerium: „Beim Kontraktbruche komme es allemal auf abwechselnde Umstände an, welche die Strafwürdigkeit bestimmten, darum sei die Erlassung bestimmter Gesetze gegen denselben ebenso unzulänglich als zweckverfehlend. Es sei deshalb fortan den Jungen bei der Annahme nur amtlich mitzuteilen, dafs im Falle böslichen Verlassens des Lehrherrn gegen sie sogar kriminell vorgegangen werden dürfe."

Ein anderes Bedenken, das bei starker Beschäftigung von jugendlichen Arbeitern leicht entsteht: die Zurückdrängung ausgebildeter Arbeiter, war in Pforzheim nicht zu erheben nötig; denn dem Bijouteriefabrikanten kommt alles darauf an, dafs der Arbeiter sparsam mit dem Gold umgehe und Sicherheit bis in die Fingerspitzen habe, was sich doch nur allmählich lernt. Nur einmal ist eine Verordnung erfolgt (am 9. Oktober 1811), dafs kein Fabrikant mehr Lehrjungen halten dürfe, als er Gesellen hält; aber dies geschah in der äufsersten Not, als man möglichst viele Arbeiter entliefs, während man die Lehrjungen aufser beim Fallissement einfach nicht entlassen durfte.

Eine wirkliche Klage über die Pforzheimer Arbeiter wird in diesem ganzen Zeitraum nicht laut, seitdem erst einmal die Franzosen ganz verschwunden sind. Zwar hat sich in diesen Mauern vielleicht der erste Fabrikstrike abgespielt, aber gerade die Vorgänge bei diesem sind charakteristisch. Wieder war es Schwäbisch-Gemünd, das den Anlafs gab. Einige Arbeiter waren im Jahre 1804 dahin verzogen, ohne ihre Schulden zuvor zu berichtigen, ein Fall, der in der ersten Periode der Fabriken sehr oft vorgekommen war. Der Oberamtmann, noch neu in seinem Amte, fand ein Reskript, das einst in den ersten Jahren der herrschaftlichen Fabrik erlassen war, um den zuchtlosen Fremden wenigstens zu drohen; denn zur Anwendung war es nie gekommen. Hiernach sollte jeder Goldarbeiter, der mit Schulden aus Pforzheim gehe, als ein gemeiner Dieb betrachtet, ein sofortiger Verhaftsbefehl hinter ihm her erlassen werden, und falls man seiner selbst nicht habhaft würde, sollte sein Name vom Scharfrichter an den Galgen geschlagen werden mit allen Folgen der Unehrlichkeit. Der Oberamtmann hielt dies für ein noch rechtsgültiges Gesetz, schärfte es von neuem ein und wollte es sogar auf alle Fabrikarbeiter, auch die in den Eisen-, Tuch-, Knopf- und Schnallenfabriken beschäftigten, ausdehnen.

Als sich die Arbeiter in solcher Weise aufserhalb des gemeinen Rechts gestellt sahen, erfafste sie eine bisher unbekannte Aufregung. Sie traten sofort ausnahmslos zusammen, wählten eine „Kommission" und beschlossen, die Arbeit nicht eher wieder aufzunehmen, bis das fatale Reskript widerrufen sei. Zugleich aber sandten sie eine sehr gemäfsigte Bittschrift nach Karlsruhe: „Diese Androhungen", so setzten sie auseinander, „möchten nötig gewesen sein, zur Zeit als einige mit grofsen Opfern aus England und Frankreich gebrachte Arbeiter mit ihren Lehrjungen, wenn solche was verstanden oder gelernt gehabt, unter Hinterlassung von Schulden auf und davon gegangen seien; dies sei aber bei den jetzigen Bijouteriefabriken, wo der gröfste Teil Inländer sind, nicht mehr zu befürchten. Freilich könne sich unter so vielen

Arbeitern jener Fall ereignen, wie in allen anderen Ständen auch"; — „nur hoffen wir", so schlossen sie, „dafs Hunderte nicht wegen eines einzigen durch Androhung einer entehrenden Strafe vor dem Publico herabgewürdigt werden und das gute Einvernehmen zwischen Bürgern und Fabrikanten nicht gestört werden möchte."

In Karlsruhe war anfangs die Entrüstung über diese „Verschwörung gegen wohlgegründete Gesetze" grofs, aber die Zwangsmittel, die man gegen sie in Anwendung brachte, waren sehr gelinde. Man antwortete nämlich: „Diejenigen, welche ferner nicht arbeiten und sich damit jenen schlechten Leuten, auf welche das Gesetz gegeben sei, zugesellen wollten, werde man zwar ihrem Eigensinne überlassen, aber auch als solche Personen, die aller Achtung und alles Zutrauens unwürdig seien, in den öffentlichen Blättern namhaft machen lassen."

Die Androhung des Strafvollzugs durch die Zeitung machte aber wenig Eindruck, hingegen sandten die Arbeiter eine neue wiederum sehr bescheidene Vorstellung; die Arbeitseinstellung aber hielten sie aufrecht. Nun erst betrachtete man auch genauer die verhängnisvolle Verordnung, um zu erkennen, dafs sie nur für die Quincailleriefabrik und auch da nur für die laufende Privilegienzeit Autrans gegeben sei. Das Oberamt erhielt die Weisung: „Man möge die Arbeiter durch zweckdienlichen Zuspruch besänftigen, indem sonst, so ungern es auch geschehe, nichts anderes übrig bleiben würde als die Verordnung zurückzunehmen." Da die Arbeiter für die Zukunft gesichert sein wollten, mufste man denn auch diesen letzten Weg einschlagen. Das Ansehen der Regierung hat aber keineswegs dadurch Schaden gelitten, dafs man einen Fehler, den man gemacht, ohne Rückhalt eingestand.

Was und wie ward nun unter den hier geschilderten Verhältnissen der Arbeit und des Absatzes produziert? Mancherlei hat sich aus dem vorigen Jahrhundert erhalten, was sich mit Sicherheit auf Pforzheimer Firmen zurückführen läfst: Bracelets, Anhänger und Dosen, das Prachtstück der Toilette damaliger Zeit. Sie zeigen ungewöhnlichen Fleifs und Sauberkeit. Immer aber sind solche Arbeiten die Ausnahmen gewesen, sie sind nur auf Bestellung gemacht worden; für gewöhnlich wurden in dieser ersten Blütezeit Pforzheims nur kleinere Artikel für den grofsen Absatz gefertigt: Uhr- und Halsketten, Ringe, Ohrringe, Schnallen, Prétensions, höchstens Berloques und Medaillons. Fast ausschliefslich wurde Dukatengold verarbeitet; nur wenn es bei dauernd ungünstigem Wechselkurs schwer zu erlangen war, schaffte man Lingots an. Im Jahre 1802 schätzte man das jährlich verarbeitete Gold auf 300 000 Gulden.

Der Goldhandel ließ sehr viel zu wünschen übrig. Er wurde in Verbindung mit Lombardgeschäften ausschließlich von Juden betrieben, und diese widerstanden gewöhnlich der Versuchung nicht, den Fabrikanten, sobald er in Bedrängnis geriet, wucherisch auszubeuten. Fast immer, wenn eine Firma in Zerfall geriet, rührte es daher, daß sie das Gold, welches sie auf Kredit entnommen, sich um mehrere Karat zu hoch hatte anrechnen lassen müssen. War sie dann so tief verschuldet, daß sie froh war, überhaupt noch einen Vorschuß zu erhalten, so geriet sie in eine sklavische Abhängigkeit; der Jude rechnete ihr die Façon aufs niedrigste an, so daß der Fabrikant nur noch von seinen Schulden lebte; dann gab er freilich auch seine Ware zu Schleuderpreisen, um die unabhängigen Firmen vom Markte zu verdrängen. Die schlimmste aller Gefahren für die Industrie, die völlige Abhängigkeit des Fabrikanten vom Grossisten, schien unabwendbar. Dann petitionierten wohl die Fabrikanten einmal (im Jahre 1784): man möge den Juden allen Handel mit Bijouterieen und ebenso allen Goldverkauf verbieten, nur den unentbehrlichen Lombard möge man ihnen lassen, — als ob dieser nicht jene anderen Folgen mit sich geführt hätte. Als man aber daran dachte, nach französischer Weise von Staats wegen den Controleur selber mit Goldhandel und Lombard zu beauftragen, erweckte dieser Vorschlag die Eifersucht und das Mißtrauen der Fabrikanten noch viel mehr.

Diese Klagen wurden am lautesten in der ersten Zeit des Gewerbes. Die große Krisis von 1789, die so vielen unsicheren Existenzen ein jähes Ende bereitete, erwies sich auch hierin als sehr heilsam. Es hatte sich wieder einmal gezeigt, daß die Schmarotzerpflanze des Wuchers, gerade wie der Schimmel, nur die bereits angefaulten Existenzen zerstört. Begreiflich aber ist es, daß sich die gesamte Bevölkerung Pforzheims zehn Jahre später so eifrig gegen die Zulassung von Juden zum Gewerbe verwahrte. Eine andere Frage, die des Feingehaltes der Ware, ward dagegen von Tag zu Tag wichtiger, so daß sie und die Konzessionsfrage als die beiden Angelpunkte der Geschichte der Goldarbeiterei anzusehen sind.

Die herrschaftliche Fabrik hatte ihrer Zeit erklärt: sie hänge in ihren Geschäften ganz von Genf ab, und müsse deshalb den Feingehalt von achtzehn Karat, wie dort üblich, innehalten; für sie ward deshalb eine Ausnahme gemacht, während für die übrigen Goldarbeiter des Landes zwanzig Karat festgesetzt wurden. Da es aber im ganzen Lande nur noch zwei oder höchstens drei Goldschmiede gab, so hatte die Ausnahme mehr zu bedeuten als die Regel. Als nun die Fabrik 1776 in Adors Hände übergegangen war und neben ihm die Kabinettsmeister selbständig geworden waren, erklärte

Ador vor Edelsheim die staatliche Kontrolle für unentbehrlich. Sie sei der Punkt, auf dem der ganze Kredit der Zukunft beruhe; sie sei das notwendige Gegengewicht zu der nun zugestandenen Freiheit; ohne sie werde mehr als ein Arbeiter in Verarbeitung minderwertigen Goldes Gewinn suchen, was im Handel den Ruf der guten Ware herabdrücken müsse. Die Kontrolle ward demnach allgemein auf dem Genfer Fuſs eingerichtet und einem sehr tüchtigen, sachverständigen Manne, Vierordt, übertragen. Er kam den Fabrikanten auf jede mögliche Weise entgegen, ermäſsigte freiwillig die vom Staate zu hoch angesetzten Gebühren; aber er wahrte rücksichtslos das Gesetz. Seiner oft angefeindeten Thätigkeit ist es vor allem zu danken, daſs Pforzheim nicht von Anfang an auf die Abwege von Schwäbisch-Gemünd geriet. Jedoch ebenso stellte sich heraus, daſs man in Pforzheim nicht mit einem obligatorischen einheitlichen Fuſs auskomme; denn man war gar nicht in der Lage, selber den Markt zu bestimmen, man muſste sich vielmehr jeder Eigentümlichkeit desselben anzupassen suchen. Die Fabrik Adors, die nur ein Glied in der Reihe der von Genf abhängigen Etablissements war, konnte sich auch nach Genfer Weise halten, aber selbst sie sah sich bald genötigt Berloques und Medaillons zu vierzehn Karat herzustellen; die kleinen Kabinette, die anfangs nur in Deutschland ihren Absatz fanden, konnten entsprechend der deutschen Mittellosigkeit in keinem Falle über vierzehn Karat gehen. Und die Änderung war um so weniger bedenklich, als auch das anerkannt solide Hanau es ebenso hielt. Demnach ward zunächst (1778) für Uhrketten und Berloques, bald darauf (1780) auch für alle anderen Artikel neben dem achtzehner Karatfuſs auch der von vierzehn erlaubt.

Wie nun aber die Pforzheimer Industrie ihre Lebensfasern in aller Welt verbreitet hat, so haben auch die groſsen Weltereignisse jederzeit auf sie einen bestimmenden Einfluſs geübt. Der Revolution ging in Frankreich ein Zustand völliger Auflösung zuvor. Während der Luxus aufs höchste stieg, lösten sich alle Bande der sittlichen Staatsordnung; jedermann erwartete demnächst den Zerfall, nur nicht die, welche an der Spitze standen. Nirgends war bisher die Kontrolle über die eingehenden Goldwaren strenger geübt worden als in Frankreich; der französische Luxus galt noch von Colberts Zeiten her für gerade so gediegen wie heute der englische Komfort; jetzt dagegen fand man überall „gutherzige Controleurs", die gegen eine angemessene Erkenntlichkeit vierzehnkarätiges Gold mit dem französischen Stempel 18 versahen. In solchem Falle war aber die ehrliche badische Marke 14 ein Hindernis.

Nicht als ob die Pforzheimer Fabrikanten selber betrogen

hätten, sie bedienten ihre Kunden, die französischen Bijouteriehändler, ganz reell, und wenn diese guten Zahler ihrerseits betrogen — was ging sie schliefslich die Tugend der Franzosen an? Sie wiesen aus ihren Journalen nach, dafs nur Bestellungen auf ungestempelte Ware bei ihnen einliefen, und warum sollte der Staat sie am Verdienen hindern? Ihr Antrag lautete: man möge es doch mit ihnen und ihren Arbeitern halten wie in Genf, dem vielbewunderten, sie vereidigen und ihnen dann die Kontrolle erlassen. Der badische Staat konnte sich aber mit Fug und Recht nicht entschliefsen, auch nur indirekt einen Betrug zu begünstigen, und auch den Vergleich mit Genf erkannte man in seiner Schwäche: „Denn dort handle es sich um eine beinahe kastenmäfsig abgeschlossene Fabrikantenschaft, kein Fremder werde angenommen, alle diese Bürger haben in festgeregelter Weise ihr Metier erlernt, sie sind Mitregenten ihres Staatswesens, und der Eid hat in dieser calvinistischen Demokratie eine ganz besondere religiös-politische Bedeutung. Alle sind darauf bedacht, der Familie ihr bürgerliches Ansehen, Kindern und Kindeskindern ihren Kredit zu erhalten. Und doch sei auch dort schliefslich die Visitation eingeführt und es stehe schwere Leib- und Lebensstrafe darauf, wenn jemand überwiesen werde, dafs er sich im Golde versehen habe." Was hatte die Wanderkolonie Pforzheim mit einer solchen Gemeindeorganisation gemein!

Statt der Befreiung von der Kontrolle erhielten also die Fabrikanten nur das weitere Recht auch noch zu sechzehn Karat arbeiten zu lassen. Jetzt bestellten die französischen Händler massenhaft doublierte Ware, deren Technik, Schlagen und Aufpressen eines Goldblättchens, in Pforzheim vollkommen ausgebildet war; der Vermerk, der sich nur auf die Decke bezog, mufste ihnen dienen, die Ware für echt auszugeben. Auch hier baute die Regierung vor, sie verlangte (1784) auf Vierordts Vorstellung die Bezeichnung durch ein D; aber diese Anordnung kam nie zu wirklicher Geltung. Denn 1786 starb der Controleur, und da die Witwe die damals übliche Art der Pensionierung, die Verheiratung mit dem Nachfolger, ausschlug, so überliefs man ihr das bisherige Amt ihres Mannes. Sie verstand ihre Sache gut und war durchaus ehrlich, aber sie war eine Frau, abhängig, nicht besonders mutig und ohne alle Autorität bei den Fabrikanten. Sofort verstummten alle Klagen derselben, aber die Kontrolle war auch aus einer obligatorischen eine fakultative geworden, statt einer Staatsaufsicht eine Staatsunterstützung, von der dann freilich viel Gebrauch gemacht ward. Ein Glück, dafs in eben jener Zeit die Pforzheimer Industrie aus anderen Gründen innerlich gesünder wurde.

Unterdessen hatten sich aber auch die Weltverhältnisse von Grund aus geändert. Kaum war die Schreckenszeit vorüber, so erholte sich die geängstigte Welt in einem Rausche der Verschwendung, wie er noch nie erhört worden war. Die Tage der „jeunesse doré" boten für die Goldarbeiterei in der That die günstigste Konjunktur. Aber so hohl wie diese Menschen war auch ihr Luxus; mehr als je stieg der Begehr nach geringhaltiger, nach doublierter, ja nach noch schlechterer, gestampfter und mit Blei gefüllter Ware. Der Fabrikant mufste wohl oder übel mit dem Strome schwimmen. Die Kontrollbestimmungen waren nie gedruckt worden; was Wunder, dafs sie schon 1795 auch niemand mehr kannte. Damals wollte man sie von neuem regeln und sammelte deshalb Gutachten bei den Amtleuten ein. Von diesen war Sachkenntnis freilich nicht zu erwarten, und einer von ihnen meinte: die Anfrage sei überhaupt überflüssig, denn es bestünden ja die von den Kaisern Ferdinand I und Maximilian II erlassenen Ordnungen im heiligen Reiche zu Recht. Ein kluger Mann aber meinte: unter den gegenwärtigen Umständen könnte Baden ebensowohl den Wechselkurs zwischen Frankfurt und Amsterdam als die Mode in den Bijouterieen bestimmen. In der That, die Frage entzog sich damals der Gesetzgebung.

Auch eine beschränkende Bestimmung über Verwendung von Schlaglot war vor alters gegeben worden, ohne dafs sich jemand um sie bekümmerte. Als aber im Jahre 1805 eine rachsüchtige Denunciation gegen einen kleinen Fabrikanten, Cassanova, erfolgte, glaubte man wieder einmal ein Exempel aufstellen zu müssen und bestrafte ihn mit Gefängnis. Hinterher stellte sich freilich heraus, dafs der zum Sündenbock Erkorene trotz Schlaglots das corpus delicti eher zu billig als zu teuer verkauft hatte. Bei den Grofsindustriellen aber erregte der Fall begreiflicherweise peinliche Gefühle und sie verfafsten eine ausführliche Denkschrift über die Frage. Die technischen Ausführungen darüber, bei welchen Arbeiten man das verbotene Silberschlaglot oder gar Zinn nicht entbehren könne, mögen dahingestellt bleiben; interessanter als sie sind die Erörterungen, weshalb doublierte und gestampfte Ware nicht mehr zu verbieten sei. Es heifst hier: „Es kommt bei solchen Artikeln gegenwärtig und fast allein auf den wohlfeilen Preis an, wenn man sie verkaufen will. Das Publikum ist nun einmal derzeit so beschaffen, dafs es selbst gefüllte Ringe etwas über ihren Preis kauft. Dergleichen Abnehmer, die nur aufs Massive, Reelle sehen, sind so wenige, dafs man solche mit dem zehnten Teile der hier befindlichen Arbeiter befriedigen könnte. Den Beweis liefern unsere ordinären sechs- oder gar vierkarätigen Waren, welche fast gar keinen innerlichen Wert haben und dennoch in ungleich gröfserer

Menge verkauft werden als unsere vierzehnkarätigen Waren, und zwar an Personen, welche ihr Stand und Vermögen berechtigt, alle Schmucksachen massiv und echt zu tragen. Solche Sachen werden aber auch nicht als Bijouterie, sondern als blofse Galanterie betrachtet. Man will die Mode mitmachen, und da diese sich leider alle Vierteljahre ändert, so kauft jeder lieber das Wohlfeile, um bei der Änderung nicht soviel zu verlieren oder vielmehr mit geringem Kostenaufwand mit der Mode Schritte zu halten." Sie versichern, dafs sie völlig reell verführen, in jeder Rechnung den Gehalt des Goldes und das Gewicht beisetzten, ihre Preise nur nach dem Goldgewicht und dem Arbeitslohn regulierten. Wenn gestampfte Ware in Frankreich nach dem Gewicht verkauft werde, so würde eben die Façon entsprechend niedriger angeschlagen.

Bei einer solchen Lage der Dinge war auch für den Käufer das Kontrollzeichen Nebensache geworden und die Kontrolle hatte nicht mehr den Wert wie früher: die Absicht des Betrügers zu vereiteln. Hiervon ausgehend gelangen die Fabrikanten zu Sätzen, von denen man wohl sagen kann, dafs die ganze weitere Entwicklung der Pforzheimer Industrie in ihnen vorgezeichnet sei: „Es ist zur Empfehlung eines Stücks Ware nicht hinlänglich, dafs das Kontrollzeichen den Gehalt des Goldes garantiert, es kommt sehr darauf an, wie es verfertigt worden ist, und ob dieses auf die möglichst wohlfeile Art geschehen, damit man durch möglichst niedrigen Preis den geschwinden Verkauf und stärkeren Absatz erzielen kann. Dieses »Wie?« aber ist eben dasjenige, worinnen die Kunst und die Geschicklichkeit eines Fabrikinhabers besteht; auf diesem »Wie?« beruht das Wohl und der gute Fortgang der Fabriken. Dieses mufs bei der unaufhörlichen Veränderung, welcher unsere Waren unterworfen sind, ebenfalls beständig verändert werden; wer dieses zu Haus und in seiner Fabrik wohl versteht und besorgt, der allein kann sich von seinen Bemühungen, im Ausland Absatz für seine Fabrikate zu suchen, einen guten Erfolg versprechen, und wenn dieser Hauptsache im Etablissement durch Verordnungen Fesseln angelegt werden, so ist denn alle unsere Mühe hier und im Auslande vergebens. Ein bestimmtes Gesetz darüber läfst sich in der gegenwärtigen Zeit bei dieser Gattung von Waren nicht denken, da wir selbst heute nicht wissen, was die ewig veränderliche Mode uns morgen für einen neuen Artikel bringt."

„Es ist wahrlich nicht die Kontrolle allein, welche die hiesigen Bijouteriefabriken auf ihren gegenwärtigen Flor gebracht hat. Es ist gröfstenteils der Eifer und das Bestreben der Fabrikunternehmer, ihre Fabrikate immer mehr zu vervollkommen, stets mit dem Geiste der Zeit gleichen

Schritt zu halten, der Mode und dem herrschenden Geschmack überall zu folgen und sich in ihrem Handel diejenige Treue und Redlichkeit zum Gesetz zu machen, ohne welche kein Handel bestehen kann und von selbst zu Grunde geht."

Die Regierung eignete sich jene Gründe an, und thatsächlich war die Kontrolle schon lange nur fakultativ, ehe sie es jetzt auch von Rechtswegen ward. Unter diesen Bedingungen entwickelte sich die Fabrikation weiterhin, bis wiederum im Gefolge grofser Weltereignisse, der Aufrichtung des Deutschen Reichs, eine neue Ordnung des Feingehalts Platz griff, mit der die Pforzheimer Industrie, wenn sie ihr auch widerstrebte, sich so rasch wie mit jeder andern auf dem weiten Erdenrund auftauchenden Bedingung einzurichten gewufst hat.

Es ist nur ein Bruchstück der Pforzheimer Industriegeschichte, das ich hier beschrieben habe; was nach dem Jahre 1815 liegt, ist noch besser aus den Erzählungen der Mitlebenden als aus den Akten der Archive und Registraturen zu ermitteln. Es würde eine Geschichte sein, reicher an Ereignissen, an kühnen Versuchen, auch an grofsen Krisen als die, welche wir bisher kennen gelernt. Nicht mit einem Male wird eine Kleinstadt zum Welthandelsplatze. Industrie und Grofshandel haben das miteinander gemeinsam, dafs es für sie nie einen Rasttag giebt, dafs sie gespannten Auges immer den Wechsel der Weltverhältnisse verfolgen müssen, während Ackerbau und Handwerk oft durch Generationen in denselben Geleisen bleiben. Das bringt aber auch mit sich, dafs immer neue Probleme erwachsen, die gebieterisch nach einer Lösung verlangen. Wie viele haben wir nicht schon in jener ersten Epoche des Pforzheimer Kunstgewerbes kennen gelernt, und wie sehr hat sich ihre Zahl seitdem vermehrt! Die Industriegeschichte des 19. Jahrhunderts gäbe uns dann aber doch ein weit erfreulicheres Bild als die des achtzehnten. Was wir in jener nur zu oft vermissen, das würden wir in dieser finden: das verständnisvolle Zusammenwirken der Behörde, der städtischen Selbstverwaltung und der einsichtigsten Fabrikanten.

Was die Industrie dem deutschen Bürgertum, dem deutschen Volke ist, dafür bietet Pforzheim ein glänzendes Beispiel. Das fremde, vom Zufall hergewehte Samenkorn fafste erst Wurzel, als es die Kräfte des heimischen Bürgerstandes anzuziehen vermochte. Die junge Pflanze erstarkte, als man aufhörte, jedes Blättchen, das sie trieb, ängstlich vor dem Abfallen zu schützen, als man ihr Freiheit des

Wachstums gönnte. Sie ward zum mächtigen Baum, als sie ihre Zweige ausbreitete über die Weltmeere nach fremden Kontinenten. Denn das ist auch die Zukunft des deutschen Bürgertums, dessen Vergangenheit wir in flüchtigen Bildern haben an uns vorübergehen lassen: seine Söhne im Geiste fest an die Heimat zu binden durch Liebe und Interesse, sie zugleich aber hinauszusenden in alle Welt, um Zeugnis abzulegen für die Ehre der deutschen Arbeit und ihr mit den Waffen des Friedens immer neue Gebiete zu erobern.

Beilage.

Schulmeisters Ordnung zu Pforzheim (um 1500).

Aus dem grofsen Stadtbuch von Pforzheim.

Ein jeder Schulmeister soll fürohin alle Jahr zu angehendem neuen Jahr, so man Burgermeister, Gericht und Rath gesetzet hat, sie umb die Schuel bitten, damit ihm jeder Zeit Mangel und Gebrechen sein oder der Schueler ob einiger vorhanden wäre, desto füglicher untersagt werden möge.

item Ein jeder Schuelmeister soll fürohin allweg die Schuel mit Oefen, Fenstern und anderer Zimlichkeit im Baw halten aufsgenommen ehaft nothwendig Baw, so er abstehen wird soll er der Statt wider überantwortten in Ehren und Wesen, wie er die zu seinem Eingang empfangen und gefunden hat.

item alle frembde Schuler über vierzehen jährig sollen dem Schuelmeister globen meinem gnädigen Herrn und der Statt trev und hold zu seyn, ihren Frommen schaffen und Schaden warnen, und ohne Urlaub des Schulmeisters, dem sie samt seinen Helffern in allen zimlichen Dingen gehorsam sein sollen, nicht hinweg zu ziehen, und wefs sich der Zeit sie in Pfortzheim seymd, gegen den Innhabern begebe inne Klag oder Antwort weise, dasselb vor meinem gnädigen Herrn Marggrafen oder zu Pf. rechtlich Aufstragen zu nehmen oder zu geben.

item ob in künftiger Zeit aufswendig sterbend Läuff würden, so soll er von den sterbenden Örten keinen aufnehmen sondern sie auch deshalb bei ihren Treuen und anderen Erforschungen erkunden und handeln, damit die Frembden desto weniger Sterben bringen.

item ob so merkhlicher Zulauff der Schuehler würde, soll er die Landschrecken die allein an dem Güte und Bettel hangen nicht annehmen oder die nach seiner Erfahrung zu ausgehender Frohnfasten litenieren, damit man nicht beschweret werde, oder die Armen teilen wie viel sie zu jeder Zeit und nicht mehr samlen sollen, welcher alfsdann für sich selbs etwas zu legen hat, mag er auch als alfs vor statt (nicht?) lauffen lassen.

Schulmeisters Belohnung.

Ein jeglicher fremd herkommender Schüler der vormals zu Pfortzheim nicht visitirt hat, soll dem Schuelmeister zu seinem eingang sechs pfenning zu geben schuldig sein.

item eines Burgers Sohn und alle die das partem nicht nehmen, sollen alle Frohnfasten dem Schuelmeister geben 2 ß dn. item ein jeglicher Armer der das partem nimmt soll zu jeder Frohnfasten geben 1 ß dn.

item ein jeder heimischer und Frembde soll seinem Loraten 4 dn. und dem Cantori 3 dn. schuldig seyn.

item die jüngsten erst anfahende sollen dem Cantori 2 dn. und keinem Loraten nichts zu geben schuldig sein, und die in die Letzt gesetzt werden.

item jedes Burgers Sohn und Fremde die Kost haben oder dazu verdingt sein, sollen den Winter täglich so man in die Schul gehet am Werktag so lang man die Stuben wermen mus ein Scheit Holtz tragen oder für Beholtzung desselben Winters einen Schilling pfenning geben.

item ein jeglicher Reich und Arm, Jung und Alt soll auf Luciae dem Schulmeister einen Pfenning geben, darnach nimt jeglicher das Liecht, damit er nach der Ordnung des Tags geleicht hat, für sich selbs wider, davon nimt der Schuelmeister die überbliebene Stuckh.

item alle Arme die dem Schuelmeister nicht gantzen Lohn geben, sollen ihm zu Ostern 50 Eyer oder dafür 10 dn. geben.

item der Schuelmeister soll die Schuler anderst dann obstehet zu keiner Zeit mit Öfen- oder Fenstergeld beschwehren, einer thet dann einen Schaden, den soll er billich büfsen oder bezahlen.

item der Schulmeister soll auch von seinen Helfern kein Beschwerung der Schuler leiden, ob aber ein provisor oder anderer Geschickhter zu Nutz der Schuler zu den Zeiten so sie in die Schuel nicht verbunden wären etwas lesen oder lehren wolt, darzu der Schulmeister treulich helfen sollen, dafs sie nicht müfsig und unnütz die Zeit verzehren, so soll jeder mit Wissen des Schulmeisters ihme eine ziemliche Belohnung thun.

Er soll zu Tag und Nacht in die Burfsen sehen und herkünden ihr Leben und Wesen darnach mögen ziehen, damit sie zu täglicher Forcht zuvor zu der Kirchen und Predigt auch auff den Strafsen zu Haus und sonst demüthiger Wort und Wandels zum Züchtigsten als sich gebühret halten, und auch einem jeden nach seinem Stand Zucht, Wesen und Ehre erzeigen.

item Sie sollen auch sich nicht den Leyen untermischen mit weltlichen ungebürlichen Händeln zu keinem Dantz noch ohne redliche Ursach bey Nacht auf der Gaſsen gehen noch hofieren oder ander Ungebühr treiben, sonderlich auch kein Spiel thun daſs die Jungen desto weniger Arges erlernen mögen.

Printed by Libri Plureos GmbH
in Hamburg, Germany